Hermann Deuser

Religion realistisch

Hermann Deuser

Religion realistisch

Sechs religionsphilosophische Essays

Mohr Siebeck

Hermann Deuser, geboren 1946; Studium der Ev. Theologie, Philosophie und Germanistik; 1973 Promotion; 1978 Habilitation; Prof. em. für Systematische Theologie und Religionsphilosophie an der Goethe-Universität Frankfurt am Main; Fellow am Max-Weber-Kolleg der Universität Erfurt.

Gefördert von der Evangelischen Kirche in Hessen und Nassau

ISBN 978-3-16-162625-8 / eISBN 978-3-16-162770-5
DOI 10.1628/978-3-16-162770-5

Die Deutsche Nationalbibliothek verzeichnet diese Publikation in der Deutschen Nationalbibliographie; detaillierte bibliographische Daten sind im Internet über *https://dnb.de* abrufbar.

Das Buch wurde von Computersatz Staiger in Rottenburg/N. aus der Stempel Garamond gesetzt, von Gulde Druck in Tübingen auf alterungsbeständiges Werkdruckpapier gedruckt und gebunden.

Printed in Germany.

Vorwort

> *Was* ist als *Phänomen* gegeben, das seine Nachzeichnung in Sprache ermöglicht und verlangt? Nie etwas anderes als das, was uns und unseresgleichen jeweils jetzt zu-verstehen vorgegeben ist. Reales also…*

Wird in der Öffentlichkeit von ‚Religion' oder ‚religiösen' Gegenständen gesprochen, so tritt häufig eine Sprachhemmung auf. Sie rührt daher, dass zwei sich widersprechende Erfahrungsweisen unserer Wirklichkeit – ‚Realität' – plötzlich aufeinandertreffen. Die eine lebt noch, mehr oder weniger, von Jugend an in Sprache und Verstehen religiöser und (in unserem Fall) biblischer Ausdrucksformen. Sie werden für wahr gehalten, während die Gegenseite, bewusst oder unbewusst, unterstellt, dass die religiöse Sprache in Bezug auf ihre Gegenstände keiner empirischen Überprüfung standhalten würde. Dann sind die Begriffe ‚leer,' und es bleibt nur noch, diese Konstellation als ‚atheistisch' zu bezeichnen – oder sie wie in einer Notlösung, in einer Haltung eigener Dignität, wie in einem ‚Sprung' zur eigenständigen Kategorie zu erheben.

Inzwischen ist es so, dass zum Begriff der ‚Moderne' deren Selbstkritik gehört, dass die eigene Methode und Wahr-

* E. Herms, Systematische Theologie (→ Essay 1), Bd. 3 (Nachwort), 3403.

heitsfindung mit der der Anderen zusammengedacht werden muss, und das gilt zugleich für religiöse, weltanschauliche und theologische Einstellungen. Die Wirklichkeitserfahrung ist und wird im Prozess ihrer Herausbildung. Von dieser Einsicht profitiert die Theologie im immer intensiveren interdisziplinären Bearbeiten ihrer eigenen Grundlagen, und dazu gehören wesentlich religionswissenschaftliche wie religionsphilosophische Vorlagen, die der Theologie zugleich die Außensicht und ihre Innensucht zumuten. Der Religionsphilosophie dürfte dabei die Hauptrolle in der Arbeit an den Fundamenten zukommen. Sie übt damit das ein, was in den Dialogbemühungen der (alltäglichen) Öffentlichkeit selten nur gelingen will. Das Missverstehen scheint die Regel.

Das ganze Dilemma tritt in einem Cartoon zutage, der, drei Wochen nach Ostern, das Missverstehen auf den Punkt bringt (mit Hilfe einer banalen Blasphemie). Überschrift: „Am Rande der Gesellschaft“[1] Zwei Männer (Strichzeichnungen zeigen immer dieselben Figuren bei wechselnden Sprechblasen) sitzen an der Theke vor je einer Maß Bier: „Glaubst du an ein Leben nach dem Tod?“ – „Ja, so nach drei Tagen geht’s wieder weiter.“ – „Wieso nach drei?“ – „Glaubst du, dass es bei uns schneller geht als bei Jesus?“ Durch die Doppeldeutigkeit des Todes (nach Bier etc. wie tot/Jesu Tod nach Karfreitag bis Ostersonntag) und die Doppeldeutigkeit der drei Tage (man muss ergänzen: Rausch ausschlafen/Erwartung des Lebens nach dem Tod) wird unklar und von den Doppeldeutigkeiten erstickt, was „Glauben“ bedeuten könnte; und mit dieser Verirrung verlieren Jesus und sein Schicksal ihre religiöse Bedeutung, die Ironie der Äußerlichkeit zerstört das entscheidend Innere.

---

[1] Von Hauck und Bauer , in: F.A.S., Nr. 17, 30. April 2023, S. 9.

Deshalb diese zweite Sammlung religionsphilosophischer Essays[2], geschrieben aus einem jeweils gegebenen Anlass und im einheitlichen Bezug aufeinander. Es wird ausgelotet, warum und wie weitreichend die *American Philosophy* im Anschluss an den Pragmatismus, Ch. S. Peirce' Semiotik und Kategorienlehre, als Schlüssel für das Verständnis der gegenwärtigen Situation der ‚Religion' in und zwischen den Forderungen der Gesellschaft, den Wissenschaften und der Theologie geeignet ist: zu welchen Problembeschreibungen und möglichen Lösungen. Mit jedem Essay wird ein neues Thema oder ein neuer Gegenstand aufgerufen, um daran die Leistungsfähigkeit der, kurz gesagt: *kategorialen Semiotik* zu bewähren. Die 6 Essays haben also ihre Gemeinsamkeit in konstruktiven (semiotischen) Strukturen und lebenspraktischen, phänomenologischen und religiösen Erfahrungswelten; programmatisch ausgedrückt: *Realism in Religion.*[3]

---

[2] Vgl. H. Deuser, Religion: Kosmologie und Evolution. Sieben religionsphilosophische Essays, Tübingen: Mohr Siebeck 2014.

[3] R. C. Neville, Realism in Religion. A Pragmatist's Perspective, Albany 2009.

Von „real“, „Realität“ und „Realismus“ spricht die (Religions-)Philosophie schon immer – in vielfachen Anwendungen und Konsequenzen für Theologie und Religionsauffassung, soweit diese sich auf die jeweiligen Denkwege und Dialogbedingungen einlassen. Es geht um Grundsätzliches: Real/fiktiv ist primär die alltagsweltliche Unterscheidung, ohne die keine sichere Orientierung möglich wäre; Realität/Traum verlangen Prüfkriterien für das gelungene Zusammenspiel von wirklichen Erfahrungen und Phantasiewelten; Realismus ist das Stichwort für ein Grundproblem der abendländischen Philosophiegeschichte seit Platon und Aristoteles: Soll die Wahrnehmung des Vielen zu einer Einheit gedacht und damit verallgemeinert werden, so ist die Welt der Ideen höherrangig (Idealismus) als die Erfahrungswelt der Dinge: Realismus. Da aber dann auch die Allgemeinheit, das Ganze als solches gedacht zu werden verdient, werden alle Begriffe dieses Zuschnitts (Substanz/Eigenschaften; Raum-Zeit/Ereignisse; Grund/Ursachen etc.) seit Aristoteles unter der Bezeichnung *Metaphysik* zusammengenommen[4] – mit der wichtigen Akzentverschiebung in der Folgezeit, dass der Metaphysik die Physik gegenübersteht (Metaphysik/Physik), was mit der immer größeren Gewichtung der neuzeitlichen und modernen Naturwissenschaften zu einer weiteren Akzentverschiebung führt. Die Wirklichkeit als solche steht als *Universalienrealismus* der Macht der Einzelforschungen gegenüber: *Nominalismus.* Diese Mehrdeutigkeit führt in der zeitgenössischen (analytischen) Philosophie zu genauen Differenzierungen zwischen Anti-Realismus und Realismus, eine Fragestellung, worin schon seit Jahrhunderten der Nominalismus der entscheidende Unruhefaktor ist. Denn es kann (nominalistisch gesehen) im

[4] Vgl. Ch. Rapp, Metaphysik. Eine Einführung, München 2016, Kap. 1 u. 3.

Erfahrungsumgang sachhaltig nur kontrollierbar erkannt werden (z.B. im Experiment; in Existenz), was zwar den geistigen Ausdruck unbedingt braucht, deshalb aber keine selbständige geistige Welt annehmen muss. Die Religionsphilosophie gerät dadurch allerdings in Schwierigkeiten, weil die Geschichte der Religionen und Theologien zeigt, wie im Zusammenstoß bzw. in der Kreativität einer idealen Welt mit der Erfahrungswelt die eigentlichen produktiven Entwicklungsschübe gemacht werden. *Gott*, *Schöpfung* und *Erlösung* stehen isoliert, wenn ihre Aussagekraft im Sinne metaphysischer Begriffsbildungen nicht mehr nachvollziehbar sein soll. In der Tradition der Metaphysik war *Gott* jedenfalls immer ein herausragender Gegenstand von Philosophie und Theologie, und es ist bezeichnend für die nominalistische Ausrichtung der zeitgenössischen Philosophie, dass in ihrer Systematik ein Gottesbegriff praktisch nicht mehr interessiert[5] – und damit dem Realismus-Problem eine entscheidende Dimension fehlt. „Realistisch", in Bezug auf Religion gebraucht, behauptet also die weiterbestehende Relevanz des metaphysischen Denkens bei weitgehend nominalistischen Erfahrungs- und Lebensbedingungen.

Aber es gibt nicht nur diesen einen Weg, das Realismusproblem in religionsphilosophischer Absicht mit den Fragen der Lebenswelt in kritische Verbindung zu bringen. Es sind die Denkschulungen der *Phänomenologie*, die seit dem deutschen Idealismus und vor allem dann durch die Verarbeitung der Evolutionstheorie das Verhältnis von experimenteller Naturwissenschaft und Stellung der erkennenden Subjektivität neu bestimmen konnten. Weder die Vorstellung eines abstrakt transzendenten Gottes noch die einer isolier-

[5] Vgl. RAPP, Metaphysik (wie Anm. 4), 18 f.

ten Auffassung von Naturgesetzen[6] erscheinen tragfähig. Was phänomenologisch als Realität erscheint (→ Essay 1) durchläuft selbst den Prozess hypothetischen (instinktiven), deduktiven und induktiven Erkennens, wie es die *evolutionäre Metaphysik* von Ch. S. Peirce vorgetragen hat. Mit Hilfe der strukturellen Dreigliedrigkeit der kategorialen (ontologischen) und semiotischen Erschließung der Lebenswelt, an deren Fußpunkt die Kreativität der ästhetischen, ethischen und religiösen Erstwahrnehmung steht, wird die Interpretation der Realität ohne Vorbehalte möglich – und *Gott* metaphysisch als „Ursprungsmacht" (E. Herms) verstehbar.

Im Unterschied zur Philosophie, deren Lebensformen in der Regel nicht durch Rituale, Magie, heilige Gegenstände und Mythen ausgezeichnet sind, ist die Theologie auch bei höchster Abstraktion des kritischen Gedankens auf die Praxis bezogen. Die Begegnung mit dem Heiligen, das Sakrament (→ Essay 2), macht die religiöse Erfahrung aus – sie ist aber auf die Dauer doch nicht ohne die religionsphilosophischen Kontexte, in denen sich die gesellschaftlichen (säkularen) Wandlungsprozesse reflektieren (H. Joas). Die theorie-praktischen Situationsbeschreibungen gelingen in semiotischen Strukturen, dem besonders veranlagten religiösen Symbol (P. Tillich) und dem Gesamt der kategorial differenzierten Wirklichkeit: in bildstarker Wahrnehmung, erfahrungsgeleiteter Auseinandersetzung und geistiger Interpretationsleistung im Ganzen.

In J. Habermas' jüngsten Darstellungen zur Religionsphilosophie (→ Essay 3) wird überraschend die These vertreten, dass bei wachsender Säkularität gleichwohl der Philosophie die Aufgabe zufällt, eine Art Vermittlung ins Werk zu

---

[6] Vgl. M. Hampe, Eine kleine Geschichte des Naturgesetzbegriffs, Frankfurt am Main 2007, 89 ff.

setzen: Die Philosophie überträgt die fremd erscheinenden (religiösen) theologischen Elemente in Formen rationaler Verständigungsbereitschaft – und umgekehrt kann sich die Philosophie von dem ihr Fremden herausfordern lassen, Neues zu entdecken und (selbst-)kritisch zu bearbeiten. Das ist auch deshalb geboten, weil der anvisierte Übertragungsvorgang nur Sinn macht, wenn es in der Sache der Theologie einen „sakralen Kern/Komplex" gibt, der alle diese Prozesse aushält und in Gang bringt. Bezieht man das auf das Verständnis des Sakraments, so wird über die Interpretation der Zeichenwelten des Rituals zugleich der Religiosität, theologischer Forschung und dem Kommunikationsbedarf der Philosophie Genüge getan.

Was bisher nur berührt wurde, ist die Frage der Selbstverständlichkeit oder Unhaltbarkeit Gottes, so wie ein *common sense* in religiösen Dingen (anthropologisch) vorgegeben erscheinen kann. Die Religionskritik – speziell in der Wirkung der Kritik der Gottesbeweise durch I. Kant – legt für die Wissenschaften eher den Atheismus nahe, als selbstkritisch die Fixierung auf einen Begriff des Empirischen zu durchschauen. Der Pragmatismus dagegen geht auf einen durchaus naturwissenschaftlich gelehrten (phänomenologischen) Erfahrungsbegriff zurück und fragt in diesem Rahmen nicht nach Gottesbeweisen, sondern nach einem tiefer ansetzenden und allgemeinen Gottesargument (→ Essay 4). Der dabei wichtigste zugrundeliegende, inzwischen berühmte Text[7] ist Ch. S. Peirce' *A Neglected Argument for the Reality of God* (1908).

Das beste Beispielfeld für semiotische Diskussionen in systematischer Absicht ist das sakramentale Geschehen mit seinen traditionellen und konfessionellen Implikationen.

---

[7] Dt. in: Ch. S. Peirce: Religionsphilosophische Schriften, hg. von H. Deuser, Hamburg 1995, Kap. III.8.

Zudem sind Transformationen im Verständnis der zentralen Realität zu beachten, wenn mit den Bedingungen der Neuzeit und Moderne gerechnet wird (→ Essay 5). Wie das vor sich geht, lässt sich an Kierkegaards existenzdialektischem Wirklichkeitsbegriff zeigen, der auf einem geschichtlich-hermeneutischen Konzept der Gleichzeitigkeit beruht und den Menschen als geistiges Selbst interpretiert – und auf diese Weise die Realpräsenz im Sakramentsvollzug sichert.

Das zuletzt Gesagte trifft auch auf die Vorstellung vom Menschen als relationalem Selbst (Kierkegaard) zu, wenn nicht die Geschichtlichkeit allein über die Realität entscheidet, sondern die Natur (→ Essay 6) mindestens beteiligt ist. Hiob stellt die Theodizee-Frage, aber seine Freunde scheitern mit ihren sozusagen ‚natürlichen' Erklärungen. Was wirklich gilt, ist der unbedingte Vorrang der Schöpfungsautorität, und diese macht alles Andere zur kontingenten Wirklichkeit, eine Realität im Werden, die darin ihre Vertrauenswürdigkeit gewinnt.

In der Realität selbst muss schon wohnen, was sie uns zu erkennen gibt, ein Wechsel zwischen Empfangen und Wiedergeben, der uns ausmacht und Gestalt finden lässt. Meister Eckhart konnte den Grund dafür in einem Sonnengleichnis ins Bild setzen, was Natur, Existenz und Realität zusammenhält:

„Ich nehme ein Becken mit Wasser und lege einen Spiegel hinein und halte es in das Sonnenlicht. Dann wirft die Sonne ihren hellen Schein aus der (Spiegel-)Scheibe und aus dem Grund der Sonne und vergeht darum doch nicht. Das Rückstrahlen des Spiegels in der Sonne ist in der Sonne die Sonne (selbst), und doch bleibt er (der Spiegel), was er ist. So ist es (umgekehrt) auch mit Gott. Gott ist in der Seele mit seiner Natur, mit seinem Sein und mit seiner Gottheit (wie die Sonne im Spiegel), und doch ist er nicht in der Seele. Das Rückstrahlen der Seele, das ist in Gott Gott, und doch bleibt sie, was sie ist."[8]

---

[8] MEISTER ECKHART. Einheit mit Gott. Die bedeutendsten Schrif-

Zu danken habe ich dem Max-Weber-Kolleg, namentlich Bettina Hollstein, für die letzten Jahre, dass trotz Corona-Einschränkungen eine kontinuierliche Arbeit möglich war: für die Kierkegaard-Forschungsstelle und für alle komparativen Erkundungen von *Verklärung* in den Feldern von Ästhetik und Religion. Markus Kleinert zeigt, wie sich in vertrauensvoller und freundschaftlicher Zusammenarbeit Chancen für Entdeckungen eröffnen, gerade für „kultur- und sozialwissenschaftliche Studien".

Zu danken ist auch dem Verlag Mohr Siebeck, namentlich Tobias Stäbler, für die freundliche Förderung dieser zweiten Publikation von Essays in thematischem Zusammenhang einer pragmatistischen, kategorialen Religionstheorie; ebenso danke ich für die Wiederabdruckgenehmigungen den Verlagen DeGruyter (zu Nr. 1), Campus (zu Nr. 2), Evgl. Verlagsanstalt (zu Nr. 3 u. 4), Brill Schöningh (zu Nr. 6), nicht zuletzt Hauck & Bauer; für Korrektur- und Index-Arbeiten Thordis Raja Wobith. – Alles in allem ein Plädoyer für eine *realistische* Theologie bzw. Religionsphilosophie: *Realism in Religion*. Ich widme dieses Buch dem Max-Weber-Kolleg, Erfurt, auch in seiner neuen Gestalt, in Dankbarkeit.

Erfurt, im Sommer 2023 *Hermann Deuser*

ten zur Mystik, hg. von D. Mieth, Ostfildern 2014, 192. – Ich danke Dietmar Mieth für die Vermittlung dieser Stelle (aus der Predigt „nolite timere eos").

Inhalt

1

Rationalität und Leidenschaft

Überlegungen zu Eilert Herms' phänomenologischer Dogmatikbegründung im § 4 der *Systematischen Theologie*

I. Realität und Empirie

Was ist zu tun, wenn („fremde") *Religionen* platzgreifend im weltanschaulich eigentlich neutralen Staat und in der ebenso liberal verpflichteten Gesellschaft öffentlich sichtbare Symbolansprüche geltend machen? Wenn christliche Symbolik, staatlich verordnet, die eigene Heimat und kulturelle Tradition sicherstellen soll? Wenn gleichzeitig das Interesse an *Religiosität* (*Spiritualität*) sich vielfältig ausbreitet und artikuliert? – und doch ist in aller Öffentlichkeit das mangelhafte Wissen über Christentum eklatant, fundamentale Missverständnisse über das, was zu *glauben* wäre, sind verbreitet und verhindern vielfach die Herstellung eines konkreten, verstandenen Zusammenhanges zwischen der eigenen Lebensführung und christlichen (traditionellen) Lehrinhalten. Ein Ansatzpunkt in diesem Dilemma sind für die christliche Theologie seit Langem schon (wenn auch mit begrenztem Erfolg nach außen) die *Wissenschaften*, die den Geist der Zeit bestimmen, damit die Theologie sich in der Situation der Moderne nachvollziehbar verständlich machen kann über das, was eigentlich alle unbedingt angeht.[1]

---

[1] Eine nüchterne Lagebeschreibung findet sich in JOAS, HANS/ SPAEMANN, ROBERT, Beten bei Nebel. Hat der Glaube eine Zukunft?, Freiburg: Herder 2018; und in BEDFORD-STROHM, HEINRICH, Den

Fundamental erscheint – und nur darum soll es im Folgenden gehen – das gravierend veränderte Verständnis unserer *Wirklichkeit*, so dass, vermittelt durch die europäische Neuzeit und Moderne, als *wirklich* nur – und alles andere limitierend – das *Empirische* zu gelten hat,[2] das, was (experimentell, historisch-faktisch) nachprüfbar zugänglich ist; nicht das, was immer weitergreifend als bloß ‚subjektiv' an den Rand gedrängt wird, in Wahrheit aber als Primär- und Ganzheitserfahrung die reale Existenz (einschließlich Gefühl, qualitative Wahrnehmung, Möglichkeitshorizonte des Selbst, Imagination, Erste-Person-Erfahrung etc.) aller Menschen bestimmt und entwickelt.

Sich fundamentaltheologisch neu zu orientieren, kann unterschiedlich realisiert werden. Um nur zwei Extreme zu nennen: Erstens kann bei der Dominanz der historisch-kritischen Forschung methodisch an der allgemeinen Historik partizipiert werden, wobei Begründungen für dogmatische Inhalte – im Sinne ihrer Geltung – im Einzelnen ausfallen, weil sie sich methodisch-historisch einem notwendigen her-

Sinn des Kreuzes öffentlich machen, in: Frankfurter Allgemeine Zeitung 105 (2018), 7.

[2] Vgl. Herms, Eilert, Systematische Theologie. Das Wesen des Christentums: In Wahrheit und aus Gnade leben, Bd. 1–3, Tübingen: Mohr Siebeck 2017; Bd. 1, § 35, 735, Anm. 5: „Sobald – etwa im Gefolge Immanuel Kants und seiner Folgeschulen – Wissenschaft mit ‚empirischer Naturwissenschaft' (‚science') gleichgesetzt wird, kommt alles, was nicht Resultat ihrer Betrachtung und Erforschung des Realen ist, nur noch als Resultat persönlichen ‚Deutens' in Betracht. Solch Deuten und seine Resultate verlieren auch dann nicht den Charakter des Beliebigen, wenn behauptet wird, dass solches Deuten für menschliche Personen unvermeidbar (also *für sie* ‚notwendig') sei […], das eben als solches nicht mehr unter Alternative von wahr/falsch […] stehe, weil ja – der (irrigen) Voraussetzung entsprechend – diese Alternative den Ergebnissen empirischer Betrachtung und Forschung vorbehalten sei." – Vgl. auch § 63, 1280.

meneutischen Zugriff entziehen bzw. diesen beliebig machen. Zweitens kann es in dieser Situation bevorzugt zu einem reduktiven Verfahren kommen, das die offensichtlich nicht mehr zeitgemäßen bzw. wissenschaftlich nicht mehr vertretbar erscheinenden dogmatischen Inhalte auszumustern empfiehlt (Wunderglaube, Sühnopferchristologie, Prädestination etc.). Hier dominiert dann ein vielleicht doch kurzatmiger Zeitgeist, der sich wehrlos macht gegenüber den Missverständnissen über das, was christliche Religiosität und Theologie eigentlich zu vertreten hätten – und das auch könnten. Es müsste nur ein Verfahren gefunden werden, das an und mit dem Traditionellen seine akute Geltung neu wieder erkennbar zu machen verstünde.

Eilert Herms' monumentale *Systematische Theologie* tut genau dies. Zunächst einmal in der (Religions-)Philosophie, Fundamentaltheologie und materiale Dogmatik umfassenden Gesamtheit und Größe, dann in einem didaktisch-methodisch einheitlichen Verfahren, der Gliederung gewissermaßen in Sentenzen („Thesen"), die anschließend einer scholienartigen Auslegung unterzogen werden, die wiederum in der konsequenten schulorientierten Gesamtstruktur den *Quaestiones disputatae* oder den mittelalterlichen Summen vergleichbar erscheint. Entscheidend für die Form des Werkes ist damit und zudem die *Eigensprachlichkeit* des Ganzen, die sich selbstständig macht gegenüber anderen Denksystemen, und nur so lassen sich auch bruchlos die Felder der (Religions-)Philosophie, Fundamentaltheologie, Dogmatik und Ethik bewältigen und miteinander präsentieren.

Dass das alles in der Sache durchführbar ist, verdankt sich einer eigens geprägten Basisargumentation, die am besten als *phänomenologische Dogmatik* bzw. *Theologie* und *Philosophie* bezeichnet wird und deren durchgängige Bedeutung in den immer wiederholten Wendungen der Eigensprachlichkeit zum Tragen kommt. Die Form bändigt die leidenschaftliche Rationalität, das ermöglicht die hier vertretene Phänomenologie, und sie hat ihre Basis und Einführung im § 4: „Offenbarung. Ihre Funktion: Gewährung von Erschlossenheitslagen: der jeweiligen Bestimmtheit unseres dauernden Jetzt-hier".[3]

II. Phänomenologie

Was ist *Phänomenologie*? Zur Orientierung schlage ich vor, zunächst einmal drei Entstehungsmuster zu unterscheiden,[4] nämlich erstens im Sinne von G.W.F. Hegel die „Wissenschaft der Erfahrung des Bewusstseins" von, zweitens, der Phänomenologie der Konstitutionsleistungen des Bewusstseins (Edmund Husserl) bzw. des Daseins als In-der-Welt-seins (Martin Heidegger), und drittens der kategorial-semiotischen Phänomenologie oder Phaneroskopie in der Philosophie des Pragmatismus bei Charles S. Peirce. – Herms' „Phänomenologie des christlichen Glaubens" gehört zunächst in das zweite Muster,[5] im Blick auf die dann durchgeführten zeichentheoretischen, ethischen und handlungs-

[3] Herms, Systematische Theologie, Bd. 1, 110 (Zitatbelege aus diesem Bd. im Folgenden im Text, sofern nicht aus § 4 zusätzlich mit der Nr. des Paragraphen).

[4] Vgl. Deuser, Hermann, Instinkt und Symbol. Semiotische Phänomenologie der Religiosität, in Wolf-Eckart Failing/Hans-Günter Heimbrock/Thomas A. Lotz (Hg.), Religion als Phänomen. Sozialwissenschaftliche, theologische und philosophische Erkundungen in der Lebenswelt, Berlin/New York: De Gruyter 2001, 99–120, 100 f.

[5] „,Phänomenologie' ist die Erkenntnis und sprachliche Darstellung der Erkenntnis von Erscheinendem (Offenbarem) als solchem, d.h. *in seinem Erscheinen*." Herms, zit. in: Deuser, Instinkt und Symbol (wie Anm. 4), 101.

theoretischen Zusammenhänge von *Glauben und Handeln* wird eine Zuordnung auch zum dritten Muster deutlich. Diese systematische Eigenständigkeit macht gerade die besondere religionsphilosophische Anwendung möglich: Im Grundakt phänomenologischen Erkennens ist der Glaubens- bzw. Gotteszusammenhang bereits angelegt. Das bedeutet für die Theologie: Sie kann und muss das „christliche Leben" (§§ 1–3) voraussetzen; d.h. auch, wer Theologie treibt, ist selbstverständlich ein Christ (§ 2, 46); und d.h. allgemein wissenschaftlich gesprochen: Wer die Wahrheit sucht und sich dabei nicht auf bloß „Seiendes" einschränken lässt,[6] der kann Gott gerade so wie alles andere erkennen, nämlich wie die Dinge als *Phänomene* „für uns ‚da'" sind (§ 2, 70). Es ist diese unvermeidliche *Vorgegebenheit*, wie sie nicht zufällig vergleichbar Friedrich Schleiermacher in seinem § 4 der *Glaubenslehre* (2. Aufl.) beschreibt, die hinzunehmen und auszulegen ist; phänomenologisch formuliert: „zu-verstehen gegeben" ist (110). Wie aber kann dafür zugleich von *Offenbarung* gesprochen werden?

III. Zeichenstruktur und Offenbarung

„Zu-verstehen" geben/gegeben – wird als erster Bindestrichbegriff, als Schlüssel der phänomenologischen Eigensprachlichkeit eingeführt, nämlich für den Akt der gleichzeitigen Zumutung und Aktivitätsforderung (grammatisch: Gerundivum) im richtigen Umgang mit der Realität und sich selbst

[6] Vgl. § 2, 68; dazu Anm. 13, 72: „Wer zum Beispiel sagt, er sei im Zuge seiner biologischen Forschung nicht auf Gott gestoßen, oder, er habe auf seinem Ausflug ins All Gott nicht gefunden, intendiert nicht dasselbe und spricht nicht von demselben, was der christliche Glaube intendiert und zur Sprache bringt, wenn er in seinem Wortbekenntnis von Gott als Schöpfer aller Welt spricht."

(§ 1, 35 u. Anm. 19, 37). Dieses Selbst- und Etwas-Verstehen hat seine Basis im Phänomen der faktischen (Selbst-)Gewissheit und *Dauer* (§ 3, 90, 95), es erschließt sich selbst, ist nicht herstell- oder abrufbar, sondern immer neu *offenbar* (§ 3, 105) – und genau so versteht sich, was unter dem Sammelbegriff *Religion* gemeint ist: Ein menschlich Allgemeines, das alle Dimensionen der Gewissheitsbildung abdeckt, für das folglich die berühmte Bemerkung Max Webers, es gäbe religiös „unmusikalische" Menschen, gerade nicht zutreffen kann (§ 3, 78, 81).

Das Vorgegebene zu verstehen, ist kein abstrakter Denkakt, sondern meint ein ‚Umgehen mit', ein leibhaftes ‚Handeln' und ‚Tun', einen Werde-Prozess von „Erwartung" und „Verheißung" in der Zeit und im Möglichkeitsraum „selektiv" realer und personaler „Verstehensakte" (112–115). Das zeigt sich zuerst am Gegenstandsbezug des Verstehens, vereinfacht gesagt: Das *„für"* ein Verstehen Gegebene tritt zusammen auf mit einem *„in sich selbst bestimmten Reale*[*n*]", so dass an dritter Stelle die vorgängige, die beiden „Relate" tragende „Relation" erkannt wird (116). Nach diesem Muster sind auch komplexere Bezugnahmen strukturiert, so dass es hilfreich erscheint, zur Verständigung über diese phänomenologische Grundlegung die (zeichentheoretische) Dreigliedrigkeit der Semiose (Ch. S. Peirce) heranzuziehen, die ein primär (qualitativ) auftretendes *Zeichen* an erster Stelle von einem bestimmten Gegenstandsbezug, dem *Index*, an zweiter Stelle und drittens dem die Relation als ganze ausdrückenden und darin tragenden *Interpretanten* unterscheidet.

Dieses auf den ersten Blick als (nur) formale Struktur erscheinende Verstehensmuster hat den Vorteil der vielfältigen, immer wieder profilgebenden Anwendung: zu versuchen, komplizierte Verstehensabläufe möglichst einfach darzustellen; z.B. bei der Frage nach der Unmittelbarkeit

(Evidenz, Gewissheit, Erschließung) im Sinne eines prinzipiell *Ersten*, der Bezogenheit auf Etwas (Umwelt, Welt, Selbstbeziehung) im Sinne eines prinzipiell *Zweiten* und „der Einheit des *gleichursprünglichen doppelten Vorgegebenseins*" (von Bestimmtem für Bestimmtes) (120) im Sinne eines *Dritten*. Auf der Ebene des Dritten sind dann die, der jeweiligen Situation entsprechenden, Interpretanten in Kraft, die z.B. die immer mitlaufende primäre Erschließungskraft, die Bestimmtheit einer Außenbeziehung und den „Gegenwarts-" und „Prozesscharakter" (121) im Ganzen sehr schön beschreiben können.[7]

Auf den zweiten Blick aber wird der kategoriale (ontologische und kosmologische) Sinn der Dreigliedrigkeit sichtbar, so dass, erstens, die primäre Wahrnehmung mit ihrem „Auffälliggewordensein" (122) die passiv erlebte Leidenschaft des Entdeckens jeweils gegenwärtig präsentiert, und das „Reale", zweitens, im „Charakter eines Widerfahrnisses" empfindet (125). Der gesamte Erschließungsvorgang erklärt, drittens, was unter *Offenbarung* zu verstehen ist: Ursprünglich ein „Allerweltswort" (126) für den Ereignischarakter einer Entdeckung, muss dafür keine andere (übernatürliche) Wirklichkeit angenommen werden, sondern Offenbarung steht im Werden der einen Realität (in Natur und Geschichte) für das unabänderlich zu ihr gehörende kontingente Auftreten von Neuem, eben ein *„Erschließungsereignis"*; und das jeweilige Zusammenspiel von lebenserfahrenen Ereignissen dieser Art heißt dann: „Erschlossenheitslage" (127). Semiotisch gesprochen wird damit das beschrieben, was bei Peirce von der kategorialen Phänomenologie in die Schlusslogik der

[7] Z.B. als „unmittelbarer", „dynamischer" und „normaler" Interpretant, vgl. LINDE, GESCHE, Zeichen und Gewissheit. Semiotische Entfaltung eines protestantisch-theologischen Begriffs, Tübingen: Mohr Siebeck 2013, 796f.

Abduktion übersetzt wird: „The abductive suggestion comes to us like a flesh.“[8]

IV. Realität des Selbst

Die Offenbarungsabhängigkeit humaner Erfahrungsprozesse verbindet sich einerseits mit einem immer neuen und weiter ausgebildeten Realitätssinn („Bildungsbedürftigkeit“), der keineswegs Realität konstruiert, sondern aufdeckt (130 f.), und andererseits mit der, man könnte sagen: Existenzialität, dem „Personsein“, dessen Grund in der „Dauer“ von Selbst-Gegenwärtigkeit liegt, der Zeitlichkeit und Räumlichkeit des Daseins, dem „Jetzt“ und „Hier“ der Person (132 f.). Wobei weder ein Zeitpunkt noch eine Ortsangabe, sondern charakteristische Bestimmungen des Werdens oder Existierens gemeint sind. Dieses Zeit- und Raum-Verständnis erinnert zugleich an G.W.F. Hegels *Jetzt* und *Hier* im 1. Kapitel der *Phänomenologie des Geistes*,[9] an Martin Heideggers Begriff speziell der „Räumlichkeit des Daseins“[10]

---

[8] Peirce, Charles Sanders, Collected Papers, Bd. 5, Cambridge, MA, 1934, CP 5.181, p. 113 (Vorlesungen über Pragmatismus VII).

[9] Vgl. Hegel, Georg Wilhelm Friedrich, Phänomenologie des Geistes, von Johannes Hoffmeister (Hg.), Hamburg: Meiner 1952, 81: „*Was ist das Diese* [sc. der sinnlichen Gewißheit]? Nehmen wir es in der doppelten Gestalt seines Seins als das *Jetzt* und das *Hier*, so wird die Dialektik, die es an ihm hat, eine so verständliche Form erhalten, als es selbst ist.“

[10] Vgl. Heidegger, Martin, Sein und Zeit, Tübingen: Max Niemeyer ^{2}1963, (§ 24) 111: „*Der Raum ist weder im Subjekt, noch ist die Welt im Raum*. Der Raum ist vielmehr ‚in‘ der Welt, sofern das für das Dasein konstitutive In-der-Welt-sein Raum erschlossen hat.“ – S.u. Anm. 26.

und nicht zuletzt an den Zeitkegel der Relativitätstheorie,[11] der das Zeitereignis (Gegenwart) als Jetzt-Hier von der Zukunft des Jetzt-Dann und der Vergangenheit des Jetzt-Damals unterscheidet. Anders als in den ersten beiden Modellen will Herms aber nicht allein die Bewusstseinsaktivität und die Selbsttätigkeit von Konstitutionsleistungen analysieren, sondern gewissermaßen unter Berücksichtigung des realen Vorgangs der Relativbewegung von Ereignissen das Werden selbst noch einmal in seinen Bedingungen erklären, sich zeigen lassen. Vergleichbar mit A.N. Whiteheads spekulativer Modellanalyse der kleinsten Prozesseinheiten des *Konkretwerdens* (concrescence)[12] oder mit Henri Bergsons intuitiver, *vor* den synthetischen Leistungen des Verstandes wirksamen primären Vitalität der (Selbst-)Erfahrung,[13] geht es um die mikrologische Kreativeinheit von Möglichkeit und Verwirklichung in der „Dauer" (136, 139) der auf diese Weise kontinuierlichen Zeitlichkeit und Räumlichkeit: *„In diesem seinem Dauern ist das Jetzt die Möglichkeitsbedingung, das Medium für alles reale Werden*" (136; vgl. § 60, 1187 f.).

Diese realistische Möglichkeitstheorie enthält – wegen des jeweils kreativen Übergangs der Verwirklichung – eine dazu notwendige „Selektivität", deren jeweilige Voraussetzungen als „Basis" bezeichnet werden, die im „Medium" des Jetzt zum Zuge kommt (136). Diese Sicht der Dinge hat zur Folge, dass nach dem „Selektor" in diesem Prozess gefragt werden kann (138), und zwar je nach Art der Basis bezogen auf einzelne Wahlakte, aber auch nach dem Geschehen im Ganzen,

---

[11] Vgl. Stephen Hawking, Eine kurze Geschichte der Zeit, 20. Aufl., Reinbek b. Hamburg 1991, 42 ff.

[12] Vgl. Hermann Deuser, Religion: Kosmologie und Evolution. Sieben religionsphilosophische Essays, Tübingen: Mohr Siebeck 2014, 43 f.

[13] Vgl. Hermann Deuser, Theologie der Natur, MJTh, Bd. 27, 2015, 91–110; hier 102–105.

und dies wiederum ist nach „personaler“ bzw. „apersonaler“ Qualität zu unterscheiden. Apersonal ist sozusagen der Bereich der Natur, der Naturgesetze (Herms: „Wirkregeln“), die einen gewissen „Korridor“ (142) von Bestimmtheitsgewinn vorgeben, der als „*Horizont B*“ bezeichnet wird, während als personal die Wahlentscheidungen zu gelten haben, bei denen die Basis selbst Selektorqualität hat und damit als „*Horizont S*“ unterschieden werden kann (144). Damit ist eingeholt, was sonst subjektivitätstheoretisch entwickelt und jetzt mit anderen Worten „*Selbstpräsenz*, *Gegenwartgegenwart*“ (147) genannt wird – mit dem Vorteil, am Naturverhältnis von Prozessvorstellungen und im engen Vergleich zu diesen gezeigt worden zu sein. Semiotisch rekonstruiert wäre diese Theorie des *Selbst* in seinen Relationen auch als Zeichenprozess darzustellen:[14] Mit Søren Kierkegaard als „Selbst [...] ein Verhältnis, das sich zu sich selbst verhält“[15], d.h. als Symbol im Gegenstandsbezug auf sich selbst und im fundierenden Gefühl des Existierens wie alle Menschen.

Ohne Selbstpräsenz keine „Wirklichkeit von Selektorbasen“ (150) – daraus scheint ein Überwiegen der subjektiven Seite zum Ausdruck zu kommen, sofern die Selbstpräsenz „*konstitutiv*“ und das „Ursprüngliche“ (150) ist, also die letzte Instanz des wirklichen Prozessbewusstseins im Ganzen. Anders gesagt: Apersonales Werden hat seinen Sinn letztlich nicht aus sich selbst, sondern nur in einem „Jenseits seiner“, nämlich in einem „übergreifende[n] personale[n] Werden in Persongegenwart“ (152).

---

[14] Vgl. HERMANN DEUSER, Religionsphilosophie, Berlin/New York: DeGruyter 2009, § 18.1.

[15] SØREN KIERKEGAARD, Die Krankheit zum Tode (1849), Düsseldorf/Köln: Diederichs 1954, 8.

V. Gottesargument

Damit wird die Spur eines Gottesargumentes immer deutlicher, weil die Interpretationsbegriffe von Selektion, A/Personalität, Basis, Horizont nach dem Ursprünglichen, Weltübergreifenden, Unbedingten, Allbedingenden fragen lassen (155), d.h. nach der hinreichenden Bedingung für die beschriebenen Prozessrealitäten. Gott – im øallerdings direkt „widersprechen" (§ 28, 593). Das liegt einerseits am Ansatz der Dogmatik, die das christliche Leben voraussetzt, andererseits an dem Anspruch der SØREN phänomenologischen Dogmatik, die gerade zeigen will, dass die „Wirklichkeit der Ursprungsmacht [...] nicht sinnvoll zu bezweifeln – also auch nicht sinnvoll zu beweisen" ist (§ 28, 604). Das lässt sich jetzt im Anschluss an die Unterscheidung von apersonal/personal an der von daher motivierten asymmetrische Relation *„‚geschaffene' und ‚schaffende' Persongegenwart"*[16] entwickeln (155):

	„geschaffene" Persongegenwart/ **„innerweltliche** Gegenwart"	„schaffende" Persongegenwart/ **„weltübergreifende** Gegenwart"
apersonal	Prozesswelt: *Natur*	Natur: *Selbstorganisation*
personal	Prozesswelt: *Geschichte*	*„Ursprungsmacht"* (Gott)/ (bedingte) Kreativität: Mensch

[16] Parallel oder analog dazu stehen „innerweltliche/weltübergreifende Gegenwart, bedingte und unbedingte Persongegenwart" (155 ff.). – Vgl. die entsprechenden Ableitungen der „hinreichenden Bedingung von *allem* bestimmten Werden" in § 60, bes. 1199 f.

Die Matrix kombiniert verschiedene Relationen der Vergegenwärtigung. Das (unmittelbare) „Bezogensein einer Basis" (erstens) auf die „noch ausstehenden möglichen Bestimmtheiten" (zweitens) durch eine auswählende/Entscheidungen treffende Instanz (drittens). Diese Dreigliedrigkeit (154)[17] kann auch beibehalten werden, wenn eine jeweils andere Symbolisierung die gleiche Relationalität zur Darstellung bringt, nämlich hier in der Perspektive von „Verantwortlichkeit" der entscheidenden Instanz und in ihrem Wissen über diesen „Bestimmtheitszustand" (154). In Frage steht aber, wie die Relationen *letztendlich* begründet oder lebendig erhalten werden können, wenn die offensichtliche Differenz zwischen personalen und apersonalen Relationen in den Vordergrund gerückt, d.h. wenn überhaupt derart (nach) gefragt wird. Ist diese Frage nach dem „Woher", dem „Urheber" (157), aber beliebig zu stellen oder nicht? – Weil die ‚zugemutete' Verstehensleistung als erfahrene Selbstgegenwart pur als solche nicht gewählt werden kann, sondern vielfach bedingt, gleichwohl aber nicht determiniert ist, kann die Antwort nur lauten: Es handelt sich um eine „Notwendigkeit-für-uns", die zugleich mit der „selbstbewusst-freie[n] Selbstbestimmung" (157) eines „Personseins" auftritt, dem die Frage nach seinem „Woher" nicht nur nahe-, sondern mit der Selbstgegenwart schon vorliegt. Das 4. Feld der Matrix zeigt diese eigentlich nicht offen zu haltende oder zu unterdrückende Doppelung *bedingter* und zugleich *unbedingter* Beantwortung der Woher-Frage: Einerseits ist menschliche, bedingte, endliche Kreativität im Schnittfeld von Selbstpräsenz und schöpferischer Begabung anzuerkennen; wird diese Ebene für sich genommen, scheint die apersonale Kreativität der Natur (Felder 1 und 2) aus sich selbst erklärbar (z.B. aus evolutionärer Selbstorganisation der Naturprozesse). Wird

[17] Vgl. oben Abschnitt III zur kategorialen Dreigliedrigkeit.

aber eingeräumt, dass so wie im 3. Feld geschichtliche Prozesse Personalität voraussetzen, diese Bedingung eigentlich auch im 4. Feld zur hinreichenden Erklärung der „weltübergreifenden" Dimension herangezogen werden müsste, dann ist zumindest von einer „Ursprungsmacht" (Herms) zu sprechen – die dann religionsgeschichtlich bzw. unter den gegebenen Bedingungen des christlichen Lebens Gott als Person zu denken verlangt. Dann ist allerdings inhaltlich direkt festzuhalten, dass dem ganzen Modell – mit dem Begriffspaar „geschaffen"/„schaffend" ausgedrückt – die Vorstellung strenger Asymmetrie zugrunde liegt: Alles Innerweltliche ist Geschaffenes, Gott allein ist im Sinne des Unbedingten schaffend/Schöpfer. Dazu gehört auch der Gedanke, dass aus personaler Gegenwart die Verwirklichung von apersonalen Prozessen gefolgert werden kann, aber nicht umgekehrt (158). Das besagt allerdings nicht, dass ein göttliches Sein allem weltlich Vielen zugrunde liegend gedacht werden müsste, wie es die Tradition mit dem Substanzbegriff konzipiert hatte, sondern wir haben allein unsere Erfahrungen der Selbstpräsenz im *Dauern* der *kontinuierlichen* Prozesse der Verwirklichungen, d.h. *„Sein ist Werden"*: Das „Wirkliche ist das Prozedieren" (159); anders gesagt, der „Übergang von Möglichkeit zu Wirklichkeit" ist „ein Leiden" und hat nichts Notwendiges (Kierkegaard).[18] Die Distanziertheit des Seins- und Substanzbegriffs ist aufgegeben und die Leidenschaft des Existierens tritt an ihre Stelle. Die phänomenologische Rationalität will erklären, ohne das Pathos verleugnen zu müssen: „Gegenwart ist verfaßt als das Existieren

---

[18] Vgl. Søren Kierkegaard, Philosophische Brocken (1844), Düsseldorf/Köln Diederichs 1952, („Zwischenspiel", § 1: Werden), 71: „Die Veränderung des Werdens ist die Wirklichkeit, der Übergang geschieht durch die Freiheit."

eines bestimmten realen Seienden in dem Horizont seiner noch ausstehenden möglichen Bestimmtheiten" (135).[19]

VI. Panentheismus

In der Selbstpräsenz des erlebten *Dauerns* wird zugleich die *Vorgegebenheit* der Bedingungen des Selbstverhältnisses erfahrbar (166 f.), das in seinen Relationen auf *Anderes*, nämlich Umwelt, Welt und Ursprung (§ 4 Satz 7, Abschnitt 9.3) zu existieren hat; und damit ist nicht eine Subjektivität im Sinne individualistischer Einsamkeit gemeint, sondern *„das schlechthin Objektive"* (167 f.), dass eben über Selbstpräsenz die (ontologisch-kosmologischen) Daseinsbedingungen erschlossen werden; nicht umgekehrt, so als würden aus (‚objektiven') empirischen Befunden die Selbstverhältnisse erst konstruiert. Das gilt genauso für das immer deutlicher herausgearbeitete Gottesargument, polemisch gesagt: Die Gegenwart der Ursprungsmacht „ist sowenig etwas von uns Ausgedachtes (etwa: eine von uns vollzogene ‚Projektion', wie mit Feuerbach immer noch ‚Aufgeklärte' meinen) wie Gegenwart überhaupt" (176).[20] – In kategorialer Dreigliedrigkeit formuliert: Die Primärwahrnehmung (Erstheit) ist als schöpferische Ermöglichung überhaupt und immer in Kraft, logisch gesehen noch vor der (empirischen) Gegenstandserfahrung (Zweitheit) und dann in der einheitlichen Symbo-

---

[19] Im ethischen Zusammenhang zeigt sich dann das Gewissen als „*Medium* der Rationalität des menschlichen Zusammenlebens" (Bd. 2, § 69, 1611).

[20] Vgl. § 4, 177: „Den Weihnachtsmann kann es geben oder nicht. Aber die Macht über den Ursprung ist kein Weihnachtsmann. Atheist kann man nur sein, solange man sich Gott, den Schöpfer, als eine Art Weihnachtsmann vorstellt – oder aber uns selbst als die Schöpfer unserer und aller Gegenwart."

lisierung beider (Drittheit),[21] d.h. ‚Projektionen' (im Sinne des atheistischen Argumentes) setzten jene33 ursprüngliche Kreativität in qualitativem Sinn immer schon voraus, können folglich nicht zur (destruktiven) ‚Erklärung' der Vorstellung der Ursprungsmacht dienen. Umgekehrt verläuft das Gottesargument so, dass die nachgewiesene, eigentlich unvermeidliche Frage nach dem „Ursprung" überhaupt, wird sie denn gestellt und nicht unterdrückt, auf die vollständige „Alternative apersonal/personal" führt – und diese muss („Ergo"!) mit der „Annahme des personalen Charakters der ewig dauernden Gegenwart der Macht über den Ursprung" beantwortet werden (178). Die Selbstpräsenz gilt für die Ursprungsmacht und jeden Menschen, aber nur in der Differenz des Unendlichen zum Endlichen, des Schaffenden zum Geschaffenen. Trotzdem aber liegen die beiden Vorstellungen ja ineinander: die Welt „‚in'" der Gegenwart Gottes; und diese „in"-Formel steht für „Panentheismus" (177).[22]

VII. Offenbarung und Geschichte

Was bedeutet das alles für den Begriff der *Offenbarung*? – Zunächst wird unter Aufnahme der phänomenologischen Analysen von Zeitlichkeit und Räumlichkeit[23] die Person-

---

[21] Vgl. oben Anm. 16.

[22] Was dies heißt in Bezug auf das „dreieinige Wesen der Ursprungsmacht" (§§ 28–31) muss gesondert diskutiert werden, vgl. § 29, 613: Das „Geschehen" der Offenbarung „ist trinitarisch, hat seine immer gleiche Struktur als die Selbstvergegenwärtigungsaktivität des Schöpfers aller Welt, deren Urheber stets der Schöpfer selbst vermöge seines Wesenswillens ist, dessen Inhalt stets er selbst, nämlich sein Wesenswille, sein Logos, ist, und dessen Medium stets er selbst, nämlich seine absolute Selbstpräsenz ist: sein Heiliger Geist."

[23] S.o. Abschnitt IV.

gegenwart spezifisch in ihrem bestimmten Werden verortet, d.h. das „Hier ist Implikat *unseres* Jetzt“ (184). Diese „materiale Bestimmtheit“ zeigt zwar jeweils die Kontingenz der faktischen Verwirklichungen von Möglichem, das aber so, dass die Vorgegebenheit des neu Erschlossenen zugleich offenbar wird. Offenbarung setzt also keine Über-Welt voraus, sondern allein das Gewordensein und Werden genau unserer Realität in neu erschlossener „verbesserter Sicht“ der Dinge. Insofern wird auch klar, dass und wie „Kontinuität“ (der Prozesse des Werdens) und „Diskontinuität“ (der herausragenden Erschließungsereignisse) zusammen gedacht werden können (188–191). Summa: „Offenbarung geschieht progressiv“ (§ 5, 195 [These]); oder mit G. E. Lessing gesagt: „Aber in der Theologie kann es gewiß sehr großen Nutzen haben und viele Schwierigkeiten heben, wenn man sich die Offenbarung als eine Erziehung des Menschengeschlechts vorstellt.“[24]

VIII. Erstheit wahrnehmen (Ästhetik, Ethik, Ethik, Religion)

Noch einmal zurück zur prinzipiellen und verbindlichen *Vorgegebenheit* im Selbsterfahren, die gerade hilfsweise als kategoriale Dreigliedrigkeit interpretiert wurde.[25] Schon vor dem § 4 wird diese unvermeidliche Bedingung auch als *Faktizität* bezeichnet, die im Unterschied zu *Faktum* „den Charakter des *Gegebenseins* von *allem* einzelnen zu-erkennen Gegebenen“ (41) bedeutet, also eine transzendentale Bedin-

---

[24] LESSING, GOTTHOLD EPHRAIM, Die Erziehung des Menschengeschlechts (1780), hg. und kommentiert von SPARN, WALTER, Leipzig 2018, § 3.

[25] S.o. Abschnitt VI.

gung darstellt. Lukas Ohly hat an diese Verhältnisbestimmung von Faktizität und Faktum die Frage gestellt, ob nicht die Kontingenz der (geschichtlichen und personalen) Prozesse (Fakten) auch für die Erfahrbarkeit und Gewissheit von Faktizität gelten müsse. Dann wäre aber ein gleichursprüngliches, interdependentes Auftreten von beiden Größen anzunehmen und vor allem die Unbedingtheitserfahrung des *Ursprungs* von allem bliebe nur schwer damit zum Ausdruck zu bringen.[26] Hat Gott die Faktizität geschaffen oder ist er abhängig von ihr? Die Ursprungsmacht[27] verlangt offenbar einen eigenen Status, der weder als unerklärliche Abscondität des fremden Absoluten gekennzeichnet ist, noch als absolutes Werden, das dem humanen Werden unterliegt. Es müsste Gott ‚sich selbst bestimmen', indem er Faktizität *gewährt*,[28]

---

[26] Lukas Ohly, Faktizität als theologische Kategorie. Kommentar zu einem fundamentaltheologischen Zentralbegriff von Eilert Herms, NZSTh, Bd. 60, 2018, 122–141; hier 126 f.; vgl. zum Ganzen auch Ohly, Theologie als Wissenschaft. Eine Fundamentaltheologie aus phänomenologischer Leitperspektive, Frankfurt am Main 2017 (*Theologisch-Philosophische Beiträge zu Gegenwartsfragen*, Bd. 18), Kap. 2.1.1. – *Faktizität* erinnert an Marin Heideggers Sprachgebrauch zur Bezeichnung einer „Seinsart" der menschlichen Existenz (vgl. Sein und Zeit, §§ 39 u. 41 [s.o. Anm. 10]; dazu Janke, Wolfgang, Existenzphilosophie, Berlin/New York 1982, 197 ff.), und dies wiederum an Søren Kierkegaards Bestimmung des „faktischen Seins", zu dem allerdings das „ideelle Sein" (Notwendigkeit bzw. „Wesen") in dialektischem Verhältnis steht (Kierkegaard, *Philosophische Brocken*, 39 f.). Letztere Begrifflichkeit ließe sich auf „Faktum" (faktisches Sein) und „Faktizität" (ideelles Sein als transzendentale Bedingung) beziehen. – Zum Begriffsgebrauch bereits bei Husserl vgl. Held, Klaus, *Der biblische Glaube. Phänomenologie seiner Herkunft und Zukunft*, Frankfurt am Main 2018, 51 f. (mit Anm. 35): „Das Faktum liegt dem Wesen zugrunde" und nicht mehr umgekehrt.

[27] S.o. Abschnitt V.

[28] Ohly, Faktizität als theologische Kategorie (wie Anm. 26), 128 (im Verweis auf Herms, Bd. 1, 411, 428, 535).

die schon, aber bis dahin unerkannt, im Spiel war. Zu orientieren ist eine Entscheidung, wie hier zu denken ist, in der phänomenologischen Besinnung auf das, was vorgegeben, nicht schon erkannt, aber in allen Gefühls- und Denkakten doch schon enthalten ist: die „primäre Gewissheit".[29] Diese kommt situationsbedingt ohne die „kategoriale" Unterscheidung zwischen Faktizität und Faktum aus, es genügt die Aspektuierung: Offenbarung bedeutet Wahrheitsgewissheit im gegebenen (Faktizität) Augenblick (Faktum). Wie das seiner Struktur nach verstanden werden kann, dazu mag wiederum im Sinne der (kategorialen) Phänomenologie die von Peirce als *Erstheit* ausgezeichnete Wahrnehmungsqualität dienen; sie ist praktisch kaum zu isolieren, immer aber in nachfolgenden Bezugnahmen kreativ enthalten:

> „Was die Welt für Adam war – an jenem Tage, als er seine Augen für sie öffnete, bevor er irgendwelche Unterscheidungen gemacht hatte und sich seiner Existenz bewusst war –, das ist der Sinn von zuerst, gegenwärtig, unmittelbar, frisch, neu, initiativ, ursprünglich, spontan, frei, lebendig, bewusst und flüchtig. Aber Vorsicht, keine Beschreibung davon trifft, was sie beschreiben soll."[30]

Diese beiden Sätze lesen sich wie eine Reihe von Gottesprädikaten im Augenblick der Erschließungssituation (Offenbarung), und das ursprünglich Erste als solches ist darin zugleich nicht recht greifbar und doch in spezifischer Weise anwesend. Die Anwesendheit geht vom qualitativen Gegebensein aus und wird in der semiotischen Struktur von Interpretationen ausgetragen, die immer als partielle „Beschreibungen" das Erschließungsereignis kommunikativ machen. Solches Abarbeiten von Ursprünglichkeit (bzgl.

---

[29] Vgl. a.a.O., 130 (im Verweis auf HERMS, § 3, 92).

[30] PEIRCE, CHARLES SANDERS, Eine Vermutung über das Rätsel [der Sphinx], in: Ders., Religionsphilosophische Schriften, hg. v. HERMANN DEUSER, Hamburg: Meiner 1995, 116.

der Ursprungsmacht) ist „die Faktizität unseres nicht-anders-Könnens" (157) und dies ist unter den bisher bekannten kulturellen und wissenschaftlichen Bedingungen grundsätzlich gesehen dreifach praktizierbar geworden:

- im *ästhetischen* Nachahmen des Schönen und Erhabenen, wobei es hier auf das *mimetische* Element ankommt, nicht auf ‚idealistisch' verstandenen Optimismus, d.h. zumal die performativen Kunstwerke und Ästhetiken der Moderne sind durchaus im selben Rahmen mit dem Hässlichen und Niedrigen befasst, wie utopisch das auch immer erscheinen mag;
- im *philosophischen* Staunen, das etwas verstehen und erklären will, auch dann, wenn unter materialistischen oder nihilistischen Weltanschauungsbedingungen nichts radikal Neues mehr zu erwarten sein sollte;
- im *religiösen-rituellen-narrativen* Wiederholen des Unwiederholbaren (*Unbedingten*[31]), dessen nicht-optimistische Züge als mögliches Scheitern der guten Schöpfung schon eingeschrieben sind, z.B. als kosmologisches *peccatum originale* (Röm 8).

In allen drei Fällen wird der quasi-transzendentale Sinn von Faktizität eingeholt durch ein spezifisches (faktisches) Wirklichwerden im Lebensprozess; und das aufgrund der Anwendung von Möglichkeiten in der jeweiligen Sachlage, so dass am besten von sich erschließender *Realität* gesprochen werden kann (114 f.). Im Ereignis selbst erschließt sich und geschieht (ontologisch gesehen) *Reales*, das erkenntnistheoretisch gesehen Faktizität voraussetzt.

---

[31] Vgl. DEUSER, Religionsphilosophie (wie Anm. 14), §§ 10–12.

IX. Objektive und/oder subjektive Bedingung des Glaubens

Welcher der drei Umgänge mit *Ursprünglichkeit* unter jeweils vorherrschenden kulturellen Bedingungen dominiert, ist nicht (anders als in Hegels *Phänomenologie des Geistes*) vom Theoriekonzept her vorweg festgelegt, sondern bleibt der Wirksamkeit und Differenziertheit der jeweiligen Arbeit am Ursprung geschuldet. Die *Erziehung des Menschengeschlechts* verläuft in kontingenten Prozessen, und diese bestimmen die menschliche Selbsterfahrung in drei Dimensionen von *Umwelt*, *Welt* und *Ursprung* (§ 5) im Schnittfeld des *Selbst*, das ohne das „personale“ Element der Schöpfermacht nicht „hinreichend“ begründet erscheinen muss (175). Die christliche Dogmatik ist demnach phänomenologisch von offenen Bildungswegen abhängig, deren Entschiedenheit riskiert und hingenommen werden muss. Das führte ja bereits einleitend dazu, den christlichen Glauben gerade auch derer, die Theologie treiben, als Selbstverständlichkeit vorauszusetzen (§ 2, 46).[32]

Heiko Schulz hat dieser Frage eine interessante Wendung gegeben mit der These: „Der Glaube, der den Glauben auslegt, ist nicht identisch mit dem Glauben des *Auslegenden*.“[33] Es wird also die – phänomenologische![34] – Gegebenheit des (christlichen) Glaubens nicht notwendigerweise mit der tatsächlichen Selbsterfahrung der (existentiell teilnehmenden) Subjektperspektive gekoppelt, sondern diese wird

---

[32] S.o. Abschnitt II.

[33] Heiko Schulz, Legt (nur) der Glaube den Glauben aus? Evangelische Theologie als christliche Religionswissenschaft, in: Evangelische Theologie. Eine Selbstverständigung in enzyklopädischer Absicht, hg. v. Schulz. Leipzig: EVA 2016, 202–236, 227.

[34] Vgl. Schulz, Legt (nur) der Glaube (wie Anm. 33), 228; im Folgenden 229 f.

als die vorbildlich maßgebende, ideale Instanz angesehen, wie sie in allen ernsthaften Verstehensbemühungen ohnedies zur Orientierung herangezogen werden muss. An dieser Bestimmung des Religiösen/Christlichen können sich prinzipiell gesehen alle beteiligen, ohne dass subjektive Vorzüge (eigene Sonderoffenbarungen) oder Nachteile (andere Konfessionen oder Weltanschauungen) für die Ermittlung der Idealität des wahren Glaubens bedingend sein könnten. Letztlich entscheidet das „unverfügbare explizite Hervortreten der Sachen selbst" (§ 6, 211).

Worin besteht dann bei dieser „Funktion" von Offenbarung ihr „Effekt"? – in der „gebildeten Lebensgewissheit des Menschen" (§ 7, 215). Im Unterschied zu Lessings Erziehungsprogramm[35] ist Offenbarung dann kein zeitbedingt immer gesondert auftretendes Sonderwissen, das im Lauf der Zeiten vernünftig verarbeitet werden kann, sondern Offenbarung ist in allem Leben und Verstehen fundamental für die faktischen Prozesse und Realitäten. In bestimmten geschichtlichen Konkretisierungen wird dann die Vielheit, Lebendigkeit und Forderung vermittelt über spezifische Offenbarungen erkennbar, z.B. als „christliche Lebensgewissheit" (§ 10, 249), und darauf fußend für die christliche Dogmatikbegründung.

X. Ursprungsrelation

Universal ist bei aller Verschiedenheit solcher Konkretisierungen die Berufung auf Offenbarung nur dann, wenn die Erschließungssituation nicht nur jeweilige Umwelt-, Welt- und Selbstrelationen enthält und prägt, sondern wenn auch die Ursprungsrelation mitgedacht werden muss bzw. wenn

[35] S.o. Abschnitt VII.

gezeigt werden kann, dass ohne diese notwendigerweise Fehler entstehen und gemacht werden müssen. Zumindest ist eine Leerstelle zu markieren, wenn die Bedingtheit (Kontingenz) von allem und das gegenwärtige Personsein in den Umwelt- und Weltprozessen des Menschen nicht als mit der Ursprungsfrage zusammengehörig dargestellt wird: „*In* unserer gegebenen Abhängigkeit vom Anderen der Umwelt und vom Anderen der Welt ist ipso facto zugleich unsere Abhängigkeit von diesem absoluten, alle bedingte Dauer von Gegenwart gebenden, Welt schaffenden Anderen gegeben.“ (177)

Nehmen wir an, dass dies zutrifft. Dann folgt daraus, dass in unserer Lebenswelt tatsächlich *alles* mit dem Glauben zu tun hat, denn in allem wirkt sich die dreifache Relationalität des Selbst aus, und deshalb ist das „Tatbekenntnis des Glaubens“ in einer (christlichen) Ethik universal – wenn auch für die einzelnen Situationen trotz allem immer unvollständig – auszulegen (vgl. Teil IV, §§ 60–100). Zudem ist nicht vorweg ausgemacht, *wie* genau die Ursprungsrelation zur Wirkung kommt. Klar ist nur, dass als (christliches) Kriterium der „kategoriale Unterschied“ von *Geschaffen* und *Schaffend* zu gelten hat (178). – Kann man überhaupt annehmen, dass diese Interpretation der notwendigen Ursprungsrelation nicht zutrifft? Die Antwort muss wohl so gefunden werden, dass zwischen der Ursprungsfrage selbst (im Einzelnen nicht bestimmter Funktion) und den verschieden möglichen Kriterien durch kulturell-historische Ausprägungen unterschieden wird, also eine religionsgeschichtliche, -phänomenologische bzw. -wissenschaftlich[36] zugängliche Beschreibung zur Konkretion dessen herangezogen werden muss, was prinzipiell gesehen religiös selbst-

[36] Vgl. den Lösungsvorschlag von SCHULZ, Legt (nur) der Glaube den Glauben aus?, (wie Anm. 34) 230 ff.

verständlich ist: das Verhältnis zu Gott, zur „Ursprungsmacht“ (179). Von da aus lässt sich die gesamte christliche Dogmatik entwickeln.

2

Die Ambivalenz des Magischen in Hans Joas' Interpretation des Heiligen

> Das Magische wird damit als immerwährende Möglichkeit erkennbar, die nicht einer angeblich überwundenen Kulturstufe zugehört.
>
> (Hans Joas)

I. Magie

In einem aktuellen Streitgespräch zwischen Robert Spaemann und Hans Joas zum Thema Katholischsein heute findet sich die folgende humorvolle und vielsagende Anekdote, die der Publikation zugleich den Namen gegeben hat: *Beten bei Nebel.*[1] Einer Nonne, die auf einem Schiff, das in dichten Nebel geraten war, eine Kollision fürchtet, wird bedeutet, dass dergleichen heute durch den Einsatz von Radargeräten nicht mehr vorkomme, worauf sie ausruft, das müsse sie „schnell ihrer Schwester Oberin erzählen. ‚Jetzt brauchen wir wegen des Nebels nicht mehr zu beten'." – Das Bittgebet hatte hier, neben anderen individuellen und sozialen Funktionen, offenbar den Sinn, mit Worten, d.h. mit sprachlichen Symbolen real gegenständliche Naturkräfte, physikalische Gesetzmäßigkeiten und Lebenssituationen beeinflussen zu

---

[1] Joas, Hans/Spaemann, Robert, Beten bei Nebel. Hat der Glaube eine Zukunft? hg. v. Volker Resing, Freiburg: Herder 2018, 34 f.

können, also *magische* Bedeutung: Zwischen Dingen und Worten herrscht ein Wirkzusammenhang, eine Beeinflussungsmöglichkeit, die das Gewöhnliche und Bekannte übersteigt und einer anderen, nicht weltimmanenten Wirklichkeit zu verdanken sein muss. Ist dies alles durch Radargeräte beendet, das magische Element überflüssig geworden? – Rudolf Otto hatte ganz entsprechend in einem Glossar zu seinem Klassiker *Das Heilige* das Wort „Magie" als „zauberisches Handeln"[2] übersetzt und damit den Ursprung dieser Vorstellungswelt und Praxen in den „vor- und außergeschichtlichen Religionen"[3] festgehalten. Das Heilige, die bewusst gewordene Religion, reicht dann darüber hinaus, ist nicht durch magisch hergestellte Einheit gekennzeichnet, sondern durch sympathetische Spannung und Distanz: das Gefühl des *tremendum et fascinosum*, das sich dem allein Rationalen entzieht.

II. Macht des Heiligen

Religion bzw. Religiosität und das Heilige sind nicht leicht voneinander abzugrenzen. Otto hatte das *Heilige* verallgemeinernd für die Wirkungen des „Numinosen" eingeführt, und diese „Gefühle" wiederum „werden zur religio".[4] Ganz

---

[2] Otto, Rudolf, Das Heilige. Über das Irrationale in der Idee des Göttlichen und sein Verhältnis zum Rationalen (1917), München: C. H. Beck 2004, 224.

[3] Ratschow, Carl Heinz, Magie und Religion, Gütersloh 1947, 152; vgl. Deuser, Hermann, Zeichenkonzeptionen in der Religion vom 19. Jahrhundert bis zur Gegenwart, in: Niels Jørgen Cappelørn/Markus Kleinert (Hg.), Was ist Wahrheit anderes als ein Leben für eine Idee. Kierkegaards Existenzdenken und die Inspiration des Pragmatismus, Berlin/New York: DeGruyter 2011, 467–497, 470 f.

[4] Otto, Das Heilige (wie Anm. 2), 134 f.

in diesem Sinne formuliert auch Ernst Bloch: „Dieses Entlegene, ja eben dieses Grauen der *Schwelle* gehört zu jeder religiösen Beziehung, oder sie ist keine.“[5] Es kann also von einem allgemeinen Erfahrungswert des Heiligen gesprochen werden, der auch der (religions-)kritischen Einstellung in Moderne und Gegenwart plausibel sein müsste. So ist jedenfalls Joas’ methodische Entscheidung motiviert, dass für seine Zwecke keine Definition von *Religion* im Sinne einer bestimmten einzelnen oder „Religion als solche“ im Vordergrund stehen muss, sondern von der „Tatsache“ der Phänomene des Heiligen, der „Sakralisierung“, auszugehen ist, weil sie nicht zu bestreiten ist und kein (unwissenschaftliches) Sonderwissen darstellt.[6] Das ist allerdings kein Hinderungsgrund, auf dieser Basis doch eine religionstheoretisch umfassende Begründung für die irreduzible Wirksamkeit des, sagen wir: Religiösen zu geben. Das geschieht im 7. Kapitel der *Macht des Heiligen* in fünf „Schritten“, vielleicht besser: Stufen!

Die beiden ersten Stufen, die die nicht oder schwer zu bestreitenden Basisphänomene darstellen, sind repräsentiert im Kreativitäts- und Handlungsbegriff des amerikanischen Pragmatismus und in dessen Weiterführung durch die sozialwissenschaftliche Theorie des *Selbst* in seiner charakteristischen Selbstreflexivität über Andere(s). Es gilt also erstens, dass die „Welt uns nie einfach als äußerliches Gegenüber unserer Innerlichkeit“ gegeben ist, „sondern immer im Modus möglicher Handlungen“ (427); und zweitens (mit G.H. Mead), dass das Selbst „die Struktur der Selbstbeziehung einer Person“ bezeichnet, „sofern es dieser gelingt, die

---

[5] Bloch, Ernst, Das Prinzip Hoffnung. In drei Bänden, Frankfurt am Main: Suhrkamp 1967, 1405.

[6] Joas, Hans, Die Macht des Heiligen. Eine Alternative zur Geschichte von der Entzauberung, Frankfurt am Main: Suhrkamp 2017, 424. – Zitatbelege aus diesem Titel im Folgenden im Text.

Bezüge zu unterschiedlich Anderen und über die Zeit des Lebens hinweg in der Richtung auf Einheitlichkeit zu synthetisieren" (429).

Die dritte Stufe geht einen entschiedenen Schritt weiter, wenn aus der Krisenanfälligkeit des Selbstverhältnisses, z.B. durch Glückserfahrungen oder Lebenserschütterungen, dessen unvermeidliche Relation zum über das Alltägliche Hinausreichenden, zum eigenen unkontrollierbaren Ausgeliefertsein gefolgert wird: „Selbsttranszendenz" (431). Die darin liegende Erfahrung der *Passivität* (431, 434) leitet zugleich zur vierten und fünften Stufe über: Dass in den „Gefühlsqualitäten" (435) solcher Erfahrungen, im Guten („enthusiastischen Gefühlen") wie im Schlechten (Angst, Schuld und Tod [433]), sich eine „affektive Gewissheit" verbunden mit einer „vorreflexiven Bindungskraft" (434) melden.[7] Mit Emile Durkheim kann dafür, gerade dann, wenn diese Kräfte idealisiert werden, vom *Heiligen* gesprochen werden – bei Joas verbunden mit dem kleinen Zusatz, dass spezifische Erfahrungen, die „Glauben voraussetzen", auch „sakramentale Erfahrungen" genannt werden sollen (433). Sind diese letzten Stufen aber noch in gleicher Weise verallgemeinerungsfähig, so wie die Stufenleiter begonnen wurde (III.1)? Wie ist das Verhältnis von Unmittelbarkeit und Interpretation der jeweils prägenden (magischen/religiösen) Erfahrungen zu bestimmen (III.2)? Was ist das Besondere

---

[7] Noch einmal kompakt im Blick auf den Werte-Begriff formuliert vgl. Joas, Hans, Der Mensch muss uns heilig sein, in: Bernhard Laux (Hg.), Heiligkeit und Menschenwürde. Hans Joas' neue Genealogie der Menschenrechte im theologischen Gespräch, Freiburg: Herder 2013, 14–21, 17: „Eine kulturelle Transformation im vollen Sinn findet erst statt, wenn die neuen Werte den Menschen subjektiv evident und gefühlsmäßig intensiv werden. Dies sind die zwei Kennzeichen tiefsitzender Wertbindungen [...]. Für diesen Sachverhalt gibt es natürlich ein traditionelles Wort: sakral, heilig."

an der sakramentalen Erfahrung und der ihr zugrundeliegenden „Phänomenologie" ([433]; III.3)?

III.1. Glaube allgemein

Die Frage nach der Verallgemeinerungsfähigkeit ist deshalb schwer zu entscheiden, weil Joas sie einerseits explizit verneint: die „anthropologische Universalität der Religion" wird nicht behauptet, und das erscheint angesichts der Religionskritik, Säkularisierung und des (kirchlichen) Glaubensverlustes in der Moderne nur konsequent. Andererseits wird die Verallgemeinerungsfähigkeit des Heiligen – im Sinne von Selbsttranszendenz, Passivität der Erfahrung und Gefühlsqualität – gerade entwickelt und mit guten Gründen verteidigt (439 f.). Sind das aber nicht genau die Basisbedingungen von *Religion* bzw. *Religiosität* ganz allgemein gesprochen, wenn diesem Begriff, genau wie dem Heiligen, auch erlaubt wird, quer zu den einzelnen tradierten Religionen zu stehen und damit die „institutionellen und doktrinären Einfassungen" zu verlassen, wie Joas es schon an Ottos Begriffsgebrauch im Heiligkeitsdiskurs um 1900 gezeigt hat.[8] Die von Joas durchgeführte Stufenleiter nimmt genau genommen nach oben hin nicht an Universalisierungsmöglichkeiten ab, sondern sie nimmt zu und wird präziser erfassbar, weil – abgesehen von dem kurzen Hinweis auf die „sakramentale Erfahrung" (433) – sonst keine Sonderbedingungen partikularer Interessen zu erkennen sind. Auf der Basisebene von Selbsttranszendenz und Heiligkeit geht

[8] Vgl. Joas, Hans, Säkulare Heiligkeit. Wie aktuell ist Rudolf Otto?, in: Jörg Lauster/Peter Schüz/Roderich Barth, Christian Danz (Hg.), Rudolf Otto. Theologie – Religionsphilosophie – Religionsgeschichte, Berlin/Boston: DeGruyter 2014, 59–77, 64.

es dann aber nicht mehr um Glauben als eine „Option" neben anderen Möglichkeiten, sondern der aufgewiesenen anthropologischen Grundsituation, die durch Heiligkeit markiert wurde, ist ja in keiner Weltanschauung, Philosophie oder Theologie zu entkommen. Insofern liegt der jetzt hier gebrauchte (religionsphilosophische bzw. fundamentaltheologische) Begriff *Glaube* auf einer anderen, allgemeineren Ebene als ein bekenntnisgebundener, auf dessen geschichtlich geprägter, dogmatischer Ebene natürlich von seinem Gegenteil, „der Freiheit der Nichtgläubigen" als „einer persönlichen Option" gesprochen werden kann (481).[9]

Wird *Glaube* derart verallgemeinert, so ist natürlich die gängige Rückfrage nach dem religiösen Spezifikum unvermeidlich, wie sie bei Joas durch die Erwähnung des Sakraments vertreten ist; anders gesagt, wenn Formen von Religiosität, Glauben und Weltanschauung als Gestaltungen des Heiligen gar nicht zu umgehen sind, wäre dann nicht das je Spezifische bestimmter Glaubenstraditionen verschwunden, der Begriffsgebrauch *Glaube* überdehnt und das einschneidend Neue, wie es z.B. im Christentum durch den Begriff der Offenbarung und das Geschenk des rechtfertigenden Glaubens gegeben ist, wäre nivelliert. – Dieser Einwand trifft nur dann zu, wenn die allgemeine anthropologische Grundsituation nicht so gefasst werden kann, dass die bekannten und möglichen Spezifika gerade vorgesehen sind und gesucht werden, die dann in gegenseitiger Anerkennung eine Vergleichbarkeit wieder zulassen. Beispielhaft vertritt Eilert Herms diese Sicht der Dinge: Der christliche Glaube und seine Lebensformen (Herms: „christliches Ethos") verlangen, sich der „Zumutung des angemessenen Umgangs mit allen anderen (nichtchristlichen) Ethosgestalten" zu stellen

---

[9] Vgl. auch JOAS, HANS, Glaube als Option. Zukunftsmöglichkeiten des Christentums, Freiburg: Herder 2012.

und damit für „das Recht der Glaubens- und Gewissensfreiheit im Gemeinwesen“ einzutreten.[10] Unter diesen durchaus vernünftigen Rahmenbedingungen wäre das Heilige, gerade weil es Distanz, Vorreflexivität und Gefühlsintensität repräsentiert, einzusetzen, ohne dass das Charakteristische, die mit dem Heiligen verbundenen „affektiven Qualitäten“ (439), verloren wäre.

Damit ist auch Joas' Hauptthese in seiner kritischen Interpretation von Max Weber[11] berührt. Sie steht unter den von Weber behaupteten Bedingungen, dass die religionstheoretisch ‚aufgeklärten‘ Denkmuster auf eine Ablösung der religiösen Einstellungen überhaupt aus sind: Säkularisierung, Entzauberung, Rationalisierung, Entmythisierung (vgl. 207) – d.h. die Abbrüche der traditionellen Bindungen machen die Dynamik der Moderne aus, wirken unvermeidlich und sind entsprechend zu analysieren. Für die Vorstellungswelt und Handlungsformen des *Magischen* heißt das, dass sie ihre Zeit gehabt haben, weil sie der Rationalität der modernen Gesellschaft nicht standhalten können. Wenn Joas' Hauptthese nun die Eindeutigkeit, Fixierbarkeit und Geschlossenheit der genannten Prozesse bestreitet, dann bedeutet das für das Magische gerade in Verbindung mit der *Sakraments*vorstellung, dass gegen die bekannte abwertende Sicht des katholisch-magisch-Sakramentalen argumentiert werden muss. Dass es neuzeitlich und in der europäischen Moderne Phänomene der Entzauberung gibt, wie es eingangs am Beispiel des Gebets im Nebel studiert werden konnte, wird dabei gar nicht bestritten; aber die epochale Gesetzmäßigkeit und Unwiderruflichkeit dieser Entwicklungen ist damit nicht ge-

[10] Herms, Eilert, Systematische Theologie. Das Wesen des Christentums: In Wahrheit und aus Gnade leben, Bd. 1–3, Tübingen: Mohr Siebeck 2017, § 64, Bd. 2, 1297, These.

[11] Vgl. vor allem Kapitel 4 in: Joas, Macht des Heiligen (wie Anm. 6).

zeigt. Umgekehrt muss dann aber mit der möglichen Weiterwirksamkeit von magischen Elementen über die von Weber genannten festen Epochen – von der prophetischen Kultkritik im AT bis zur Ritualkritik der Reformation (225 f.) – hinausgehend gerechnet werden, wobei über die Verwerflichkeit oder transformierte, neuartige Berechtigung solcher Elemente noch nichts entschieden ist. Der Begriff des Magischen ist jedenfalls ambivalent und Joas' Nennung des Sakraments im letzten Kapitel von *Die Macht des Heiligen* ist zwar beiläufig, aber keineswegs zufällig (433).

III.2. Zeichen und Sakrament

Ambivalent ist der religionswissenschaftliche Begriff des Magischen bereits bei Weber selbst, wenn auch in anderer Weise. Er bezeichnet zum einen die „Grundschicht der Religionsentwicklung“ und ist zum andern ein Indikator für „Umbrüche in der Religionsgeschichte“, abzulesen an dem Ausmaß, in dem im einzelnen Fall „‚Magie abgestreift‘“ wird (216–219). Insofern kommt Magie als analytischer Begriff für das Feld der Religionsforschung unabdingbar vor, sein Fortwirken aber (nach der Entzauberung) ist überständig, bleibt ein „Dekadenzphänomen“ (247).

Neue Aufgeschlossenheit für Phänomene des Magischen und damit den Umgang mit dem Heiligen ergibt sich leichter, wenn auf das Darstellungsproblem geachtet wird. Beispielsweise hat Paul Tillich „Wirkungen“ der Magie nicht bestritten, obwohl die „Mittel“ dazu (für uns) schwer zu bestimmen sind: Geistige Beeinflussungen durch Menschen, ähnlich Webers Begriff des *Charismas* (243).[12] Und wie-

[12] Tillich, Paul, Systematische Theologie, Bd. 1–3, Stuttgart: Evangelisches Verlagswerk 1966, Bd. 3, 319 f.

derum ist es das *Sakrament*, woran Sinn und Grenze des „magischen Elements" erklärt werden können: „in der Beziehung von Mensch zu Mensch" gibt es „ein magisches Element, wie es auch wissenschaftlich erklärt werden mag." Entscheidend dabei ist, ob die geistige Wirkung über das „zentrierte Selbst" eines Menschen verläuft oder ob sie das „personhafte Zentrum umgeht"; Letzteres wäre die „dämonische Entstellung."[13] Dies zu verstehen setzt aber die Interpretation des „sakramentalen Materials"[14] voraus, d.h. die Darstellungsweise ist der Schlüssel zu Erklärung und müsste auch die Unterscheidung zwischen berechtigten magischen Elementen und dämonischen Abwegen ermöglichen; und schließlich wäre es von Vorteil, wenn dadurch auch das im Falle von Durkheim und James aufgefallene „‚semiotische' Defizit" (435) ausgeglichen werden könnte.

Nicht *Zeichen*, sondern *Symbol*[15], das war Paul Tillichs Antwort auf das semiotische Problem, wie die „Gefühlsqualitäten der Erfahrung" von der „Erfahrungsdeutung" unterschieden und doch zusammengehalten werden können (435).

Wissenschaftstheoretisch grundsätzlicher und umfassender erscheint dazu die auf Charles S. Peirce zurückgehende *Kategoriale Semiotik*, die als ein Kern seines Verständnisses von *Pragmatizismus*[16] betrachtet werden muss. Dann

---

[13] TILLICH, Systematische Theologie (wie Anm. 12), 146.

[14] TILLICH, Systematische Theologie (wie Anm. 12), 147.

[15] TILLICH, Systematische Theologie (wie Anm. 12), 147. – Zu TILLICHS ontologischem Symbolbegriff in Sachen Religion vgl. DEUSER, HERMANN, Gottes Poesie oder Anschauung des Unbedingten? Semiotische Religionstheorie bei CH. S. PEIRCE und P. TILLICH, in: CHRISTIAN DANZ/WERNER SCHÜSSLER/ERDMANN STURM (Hg.), Das Symbol als Sprache der Religion, Wien: LIT 2007, 117–134.

[16] Vgl. DEUSER, HERMANN, Pragmatische oder pragmatizistische Religionsphilosophie, in: Ders., Religion: Kosmologie und Evolution. Sieben religionsphilosophische Essays, Tübingen: Mohr Siebeck 2014, 149–172, 158–172; in englischer Übersetzung in: HERMANN DEUSER/

bietet sich folgendes Lösungsmodell an: Es ist nicht eine besondere (religiöse) Qualität, die Symbole der Religion auszeichnen und vom wertfreien bloßen Zeichen unterscheiden, sondern die Wirksamkeit von Zeichenereignissen ist immer und in jedem Fall dreigliedrig, in der relationalen Zuordnung von einer Wahrnehmungsqualität (Zeichen) mit Gegenstandsbezug (Objekt) und einer die gesamte Relation interpretierenden Instanz (Interpretant).[17] Diese Dreigliedrigkeit gilt zugleich für die kategorial (phänomenologisch und relationenlogisch) abgeleitete Unterscheidung des qualitativen Soseins (Erstheit), der empirischen Gegenständlichkeit (Zweitheit) und der (interpretierenden) Vollzugsform des Zeichenereignisses (Drittheit). Entscheidend ist hierbei, dass die Primärwahrnehmung streng genommen passiv statthat und, wenn nicht Vergleichbares schon mitgedacht ist, unwiderstehlich *ikonisch* zur Wirkung kommt. So im Zeigen bzw. Wahrnehmen (*ikonisch*, Erstheit) der ganz alltäglichen Elemente Brot und Wein im Sakrament bzw. Ritual des Abendmahls.[18] *Magisch* wird man das nicht ohne weiteres nennen können, erst recht nicht, wenn im zweiten Blick die Gebrochenheit des Brotes den geschichtlichen und narrativen Kontext mit der neutestamentlichen Tradition herstellt (Zweitheit). Die begleitenden Worte stehen in einem *indexikalischen* Verhältnis zu dieser Überlieferung und das Gesamtgeschehen wird emotional, handlungsleitend und als lebens- und gemeinschaftsfördernde Verheißung interpre-

---

Hans Joas/Matthias Jung/Magnus Schlette (ed.), The Varieties of Transcendence. Pragmatism and the Theory of Religion, New York: Fordham University Press 2016, 253–269.

[17] Zum Vergleich mit Tillich s.o. Anm. 15, bes. 128 ff.

[18] Vgl. die detaillierten und klärenden Analysen in dieser Sache bei Vetter, Martin, Zeichen deuten auf Gott. Der zeichentheoretische Beitrag von Charles S. Peirce zur Theologie der Sakramente, Marburg: Elwert 1999; hier: 260 ff.

tiert (Drittheit). Diese Interpretation verbindet die vielfältigen ikonischen und indexikalischen Bestandteile des Rituals, das im Ganzen aber auch den Opfergedanken mit sich führt und transformiert: Die Relation von Leben und Tod ist endgültig für das Leben entschieden, wenn dies auch auf der Existenzebene nicht empirisch verifiziert werden kann. Vereinfachend kann man dieses Zeichengeschehen im Resultat der semiotisch komplexen Vorgänge als *Symbol* bezeichnen, das den Zusammenhang von Glauben und Handeln (religiös) bestimmt.

Die Frage nach dem magischen Verständnis muss genau genommen in der Überlieferungsgeschichte des Sakraments mit unterschiedlichen Antworten rechnen, die auch darauf beruhen, dass die Volksfrömmigkeit mit der jeweils geltenden Lehre nicht übereinstimmen muss. Für eine magische Lesart, d.h. die unmittelbare, für das Alltägliche inkommensurable ‚Beeinflussungsmöglichkeit' von Sprachsymbolen und Handlungen auf reales Geschehen („kontagiöse Magie" [James G. Frazer][19]), die „unio magica" (C. H. Ratschow[20]), spricht dann die Wortbildung des „pharmacon immortalitatis" in der Alten Kirche, nämlich für das Genießen der Elemente Brot und Wein als Bedingung für Unsterblichkeit. Dies kann nicht mit der später allgemeinen und offiziellen Kirchenlehre, der sogenannten „Transsubstantiationslehre" übereinkommen, die das Wunder der Wandlung durchaus abstrakt (in aristotelischer Begrifflichkeit) zu erklären sucht und dem Magischen gegenüber Distanz wahrt. Was wiederum nicht heißt, dass in populären Vorstellungen die sakramentalen Elemente nicht vom Geschehen des Rituals abgelöst auch alleine Macht ausüben könnten. Genau das hat die Reformation als Aberglaube, Magie im schlechten Sinne,

---

[19] Vgl. Deuser, Zeichenkonzeptionen (wie Anm. 3), 471.

[20] Vgl. Ratschow, Magie und Religion (wie Anm. 3), 149 ff.

ausscheiden wollen, Tillich spricht von einer Verdinglichung des „sakramentalen Materials".[21] – Kann aber das Elementare, Leibhafte überhaupt vollständig von dem ferngehalten werden, was „sakramentale Erfahrungen" (433) genannt wurde und mit dem Magischen auch das Heilige betrifft?

III.3. Realpräsenz

Die wissenslogische Struktur der kategorialen Semiotik ist nicht allein als Technik zu verstehen, sondern vor allem eingebettet in eine Phänomenologie der (wissenschaftlichen und alltagsweltlichen) *Erfahrung*. Was diese als religiös bzw. sakramental auszeichnet (432 f.), das sind nicht nur die existentiellen Erlebnisse „von enthusiastischen Gefühlen" einerseits bis zu Erfahrungen „der Sinnlosigkeit unserer Existenz" andererseits (433), sondern entscheidend ist die „kosmologisch-evolutionäre Dimension".[22] In ihr stellt sich Erfahrung an erster Stelle dar als primäre, kreative Ermöglichung von, an zweiter Stelle, Anderem, und die Realität beider, an dritter Stelle, zeigt den Prozess, in dem die Schöpfungs- bzw. Gott-Hypothese lebendig ist. Magische Phänomene gehören insofern zunächst wie alle anderen Wahrnehmungen zum qualitativ ersten Eindruck, der dann in der Forschungsgeschichte bzw. Lebenswelt überprüft und begrifflich bestimmt werden muss. Enthält der Begriff empirische Geltungsansprüche, so müssen diese sich auch verifizieren lassen; ist der Gegenstandsbezug aber narrativ vermittelt, etwa durch einen mythischen Kontext, so steht das

---

[21] Vgl. Tillich, Systematische Theologie (wie Anm. 12), 147.

[22] Vgl. Nagl, Ludwig, Charles Sanders Peirce. Ein vernachlässigtes Argument für die Realität Gottes, in: Michael Kühnlein (Hg.), Religionsphilosophie und Religionskritik. Ein Handbuch, Berlin: Suhrkamp 2018, 445–457, 446.

betr. Symbol für die (pragmatistische) Bedeutung der Interpretanten[23], die die entsprechenden (möglichen) Handlungsbezüge zum Ausdruck bringen.

So können in jeder behaupteten Erfahrungsunmittelbarkeit kreative Effekte und Chancen liegen, aber ebenso fehlgeleitete Urteile, die der Überprüfung – im jeweiligen Kontext und in der vorliegenden Perspektive – nicht standhalten. Die Ambivalenz des Magischen wäre genau so zu bestimmen, dass die Leibhaftigkeit der Elemente im Abendmahl etwas *real* repräsentieren, was anders nicht entdeckt werden kann und aus der Vorgeschichte des Rituals noch durchscheint: die Wirkung von Elementarem, hier: Essen und Trinken im gegenwärtigen Verweis auf die Passionsgeschichte.

Robert Neville hat vorgeschlagen, für die komplexen Zeichenverschränkungen bei diesem Sakrament neun Ebenen zu unterscheiden, wobei mit der letzten Ebene auf die Mitbedeutung von religiösem *Kannibalismus* hingewiesen wird.[24] Dieser stammt aus der religiösen Frühzeit, verbindet

---

[23] Um welche möglichen Differenzierungen und semiotischen Details es dabei geht, zeigt LINDE, GESCHE, Zeichen und Gewissheit. Semiotische Entfaltung eines protestantisch-theologischen Begriffs, Tübingen: Mohr Siebeck 2013, 796 f.; LINDE, GESCHE, Religion and Rationality: A Semeiotic Approach, in: Toronto Journal of Theology 29 (2013), 299–318, section 3.

[24] Vgl. NEVILLE, ROBERT CUMMINGS, The Truth of Broken Symbols, Albany 1996, 78–85. Es werden unterschieden: (1) Die Elemente erinnern an die Passionsgeschichte, (2) gebrochener Leib und vergossenes Blut erinnern an das Opferlamm, (3) Mahlgemeinschaft, (4) Erinnerung an Jesu Tischgemeinschaft, (5) Erinnerung an das Passah-Mahl, (6) Präsenz des Wortes Gottes in den Einsetzungsworten, (7) Gottesbeziehung der Einzelnen in Distanz gegenüber Nation und Tradition im Typus der Religion der Achsenzeit, „Axial Age as Jaspers has called it, which forced individuals to define their personal identity and their moral responsibilities in ways that transcend traditional cultural definition." (8) Christus als König steht für gesellschaftliche Ordnung und Gerechtigkeit, (9) siehe oben. – Zur Bedeutung der Ach-

ursprünglich das Essen als magischen Opferritus mit dem existentiellen Zusammenhang von Leben und Tod der Gemeinschaft[25] – und alles dies liegt im Verständnis des Sakraments heute nur noch als vergangene, unthematische Prägung vor, ein Erinnerungsbild, dessen Macht die Religion der *Achsenzeit* – mit den Charakteristika „Transzendenz, Kritik, Reflexivität, moralischer Universalismus [...] Symbolizität der Symbole" (314, 349)[26] – gebrochen hat. Die magische Handlung unterliegt einem neuen Kriterium, etwa der Transzendenz Gottes, die das Menschenopfer und schließlich das tödliche Opferritual im Prinzip nicht mehr rechtfertigen kann, sondern z.B. in den theologisch dominierenden Texten der hebräischen Bibel und dann im Christentum des NT ein für alle Mal beendet. Festzuhalten ist aber, dass im Sakrament die Ambivalenz des Magischen und zugleich die Geschichtlichkeit solcher Prozesse zu beobachten sind, die allerdings, das ist Joas' These, in ihrer Abfolge nicht geradlinig, dafür aber in unterschiedlichen Beeinflussungen und Wechseln erscheinen. Die „Reflexivierung des Heiligen" (351) bleibt der wichtigste Indikator der Veränderungen, in denen jeweils die Ambivalenz des Magischen mitschwingt und in den jeweiligen Bildern, Geschichten und Symbolen durchscheint.

Was im Abendmahlsverständnis als *Realpräsenz* zwischen den streitenden theologischen Schulbildungen diskutiert wurde, lässt sich dann aufgrund der beschriebenen

---

senzeit, vgl. Joas, Hans, Macht des Heiligen (wie Anm, 6), Kapitel 5, 344, Anm. 137, auch im Hinweis auf Neville, Robert Cummings, Religion. Philosophical Theology, vol. 3, Albany 2015, 47–63.

25 Vgl. den von Ratschow exemplarisch herangezogenen „Mythos der Tukano" (Nordwest Amazonas), in: Deuser, Zeichenkonzeptionen (wie Anm. 3), 471.

26 Zu den Zusammenhängen mit den jeweiligen politischen Prozessen vgl. Joas, Macht des Heiligen (wie Anm. 6), 339 ff.

funktionalen Bedeutung des Magischen im Heiligen und orientiert an der kategorialen Semiotik einer Klärung zuführen: Wenn Verdinglichungen, äußerliche Instrumentalisierungen, als überholte magische Elementarisierungen aufgegeben werden; und wenn zugleich die materialen Elemente nicht als bloße Erinnerungszeichen gelten sollen[27], dann muss die *ikonische* Realität der leibhaften Wahrnehmung (sie steht hier als Erinnerung des Magischen) – zusammen mit der *indexikalischen* Narrativität und der *Symbolisierung* im Vollzug des Rituals – für die schöpferische Ursprünglichkeit realer Ermöglichung des Zugangs zu allen Dingen aufgefasst werden, die abduktiv-instinktive Erschließungskraft im Kontext der religiösen Traditionen.[28] Das „Nichtmagische"[29] ist dabei ein personales Verhältnis, sonst wäre die Realpräsenz unterbestimmt. *Real* ist die Präsenz des Heiligen in der elementaren, leibhaften, wortvermittelten Erfahrung, die sich in Zeichenstrukturen zum Ausdruck bringt.

IV. Sakrament

Der Jahrhunderte alte Streit um den Zeichencharakter des Abendmahls ist nicht beendet, aber in seiner kirchlichen und vor allem gesellschaftlich-politischen Bedeutung abgeschwächt. Die semiotischen Möglichkeiten können diese Entwicklung verständlich machen und die religionsgeschichtlichen, konfessionellen und philosophischen Begründungszusammenhänge aufdecken. Joas' Bemühen, die These der Entzauberung in ihrem epochalen Automatismus und

---

[27] Vgl. TILLICH, Systematische Theologie (wie Anm. 12), Bd. 3, 147.

[28] Vgl. PEIRCE, CHARLES SANDERS, Religionsphilosophische Schriften, hg. v. HERMANN DEUSER, Hamburg: Meiner 1995, 348; dazu NAGL, Peirce (wie Anm. 22), 453.

[29] Vgl. TILLICH, Systematische Theologie (wie Anm. 12), Bd. 1, 249.

ihrer weltgeschichtlichen Unvermeidlichkeit (233) einer detaillierten Kritik zu unterziehen, hat aber durchaus noch einen konfessionellen Aspekt – jedenfalls im europäisch-nordamerikanischen Kontext. Gezeigt wird, wie nach Webers Einstufung das Katholisch-Sakramentale direkt mit Magie identifiziert wird (225) und deshalb hinter der protestantischen Reformation nach dem Urteil der rationalen und säkularen Moderne zurückstehen muss. Die für die Moderne wirksame Magie-Ablehnung findet sich selbstverständlich in der Reformation und ihren Folgen, und sie reicht bis zur rationalisierten Frömmigkeit im Puritanismus. Wird dieses Geschichtsbild akzeptiert, dann ist für den Protestantismus in der Folgezeit eine intellektuelle Überlegenheit zu konstatieren. Genau dies ist, so Joas, eine Überziehung dessen, was in den einzelnen magiekritischen Epochen wirklich durchgesetzt wurde und was als abgeschlossene und entschiedene Globaleinstufung, wenn überhaupt möglich, schwer zu belegen ist. Zu kritisieren ist also einerseits das grobe „angeblich magische katholische Sakramentsverständnis" (273), wie aus der Sicht der Moderne bzw. des Protestantismus gerne formuliert wird, andererseits sind die religiösen Entwicklungen der protestantischen Kirchen keineswegs so andersartig verlaufen wie unterstellt wird. Was an Aberglauben und Magie ausgeschieden wurde, tauchte gern an anderer Stelle durch die Hintertür wieder auf (274 f.). Man könnte frei nach Joas im Protestantismus von einer Sakralisierung der Innerlichkeit sprechen, auch sehen Pietismus und Erweckungsbewegungen nicht gerade nach Entzauberung und rationalisierter Religion aus (275 f.).[30] – Wie immer künftige historische Untersuchungen dazu ausgehen werden, die Verhältnisse bleiben

---

[30] Vgl. Kaube, Jürgen, Max Weber. Leben zwischen den Epochen, Berlin: Rowohlt 2015, 347 f.

verwickelt.[31] Was konfessionell einmal streng unterschieden war, hat sich in der Alltagspraxis – zumal in ‚säkularen' Umwelten – häufig angenähert und produktiv aufeinander beziehen können. Doch bleibt für die katholische Tradition kein einfaches Gleich zu Gleich mit dem modernen Protestantismus: Dieser hat die Front gegen unverstandene Magie, Machtspiele mit Ritualen etc. von Beginn an offengelegt und programmatisch, jedenfalls der Tendenz nach, anhand von biblischen Kriterien entschieden, während die katholische Tradition von Prinzipien der kirchlichen Hierarchie auszugehen hat, die nicht veränderlich erscheinen dürfen. Darunter fällt nicht zuletzt die Auffassung der Kirche als eigentliches Sakrament, so dass in diesen Fragen von Amtsautorität und Weihesakrament keine Bewegungen zu erwarten sind.[32] Zwischen magischen Elementen zum Guten oder Schlechten aber muss heute unterschieden werden wie vielleicht niemals zuvor. Die Unterscheidung zwischen nicht so gravierenden Elementen, den Adiaphora, und dem Entscheidenden wird dabei nicht weiterhelfen. Die konfessionelle Differenz taucht dann immer wieder auf, wenn die Frage

---

[31] Vgl. Polke, Christian, Max Weber. Die protestantische Ethik und der Geist des Kapitalismus, in: Michael Kühnlein (Hg.), Religionsphilosophie und Religionskritik. Ein Handbuch, Berlin: Suhrkamp 2018, 421–433, 430 ff.

[32] Anders liegen die Dinge in der theologischen Fachliteratur, wenn z.B. Rahner, Karl, Grundkurs des Glaubens. Einführung in den Begriff des Christentums, Freiburg: Herder 2008, 389, die Kirche zwar als „Grundsakrament" bezeichnet; das soll als *„wirksames* Zeichen" verstanden werden, das mit „magischem Zauber" nichts zu tun haben kann (391); und wenn Wiedenhofer, Siegfried, Ekklesiologie, in: Theodor Schneider (Hg.), Handbuch der Dogmatik, Düsseldorf: Patmos 2002, 100 f., von der Kirche als „Zeichen" und „Bild" spricht, die eine andere Wirklichkeit *repräsentieren*. – Es ist offensichtlich eine semiotische Frage, wie diese Interpretationen im Blick auf die lehramtliche Dogmatik zu verstehen sind.

nach der Autorität gestellt wird. Auf der Basis welcher autoritativen Instanz kommt es zu Entscheidungen über die Ambivalenz der Macht des Heiligen: „Denn das Wort Gottes ist unvergleichlicher Weise über der Kirche, über welches Wort Gottes die Kirche als eine Kreatur nicht Macht hat etwas zu stiften, zu ordnen oder zu tun, sondern sie soll gestiftet, geordnet und gemachet werden" (Martin Luther: Vom babylonischen Gefängnis der Kirche [1520]).[33] Auf subtile Weise ist die Überlegenheit des Wortes an die Handlungen des Rituals verwiesen, das – was einmal Magie genannt wurde[34] – in bildkräftige, personale Gegenwart wirksam übersetzt. So wie das Gebet bei Nebel seine Berechtigung und Freiheit auch in der Moderne nicht verlieren muss.

---

[33] Vgl. Luther, Martin, Schriften des Jahres 1520, München, ^{3}1962 (Ausgew. Werke, Bd. 2; Randzahlen nach Weimarer Ausgabe [WA]), 560 f.

[34] Joas, Macht des Heiligen (wie Anm. 6), 487: „Das Magische wird damit als immerwährende Möglichkeit erkennbar, die nicht einer angeblich überwundenen Kulturstufe zugehört."

3

Säkularisierung und Sakrament

> Nicht will ich
> Die Bilder dir stürmen.
> und das Sakrament
> Heilig behalten, das hält unsere Seele
> Zusammen, die uns gönnet Gott.*

I. Wachsende Säkularisierung

Säkularisierung – auf den ersten Blick und vereinfacht gesagt – bedeutet die Entmachtung der (christlichen) Religion, genauer: der Kirchen und ihrer Theologie. Die Belege dafür liegen auf der Hand: Gesellschaftliche, alltägliche und wissenschaftliche Strukturen und Einfluss- bzw. Machtkonstellationen seit der europäischen Neuzeit und der von Naturwissenschaft und Technologien geprägten Moderne zeigen den „Relevanzverlust der Religion" auf breiter Front.[1] Auf

---

* Hölderlin, Friedrich, Homburger Folioheft (ca. 1803), S. 87. – Markus Kleinert verdanke ich den Hinweis auf diese Stelle.

[1] Vgl. Habermas, Jürgen, Auch eine Geschichte der Philosophie, Bd. 1: Die okzidentale Konstellation von Glauben und Wissen; Bd. 2: Vernünftige Freiheit. Spuren des Diskurses über Glauben und Wissen, Berlin: Suhrkamp 2019; hier: Bd. 1, 79 f. – Wie vielfältig das Material in dieser Sache ist, zeigt auch die Sammlung, hg. von Christian Frey/Uwe Hebekus/David Martyn: Säkularisierung. Grundlagentexte zur Theoriegeschichte, Berlin 2020, verbunden mit dem Vorschlag, zumindest als „Dimensionen" zu unterscheiden: die *staatsrechtliche/staatstheoretische*, die *lebensweltliche* und die *epistemische* (a.a.O. 16 ff.), die aber in historischer wie systematischer Sicht nur miteinander verknüpft zu verstehen sind.

den zweiten Blick, z.B. der empirischen Religionsforschung, ist aber einerseits die weltweite Verbreitung traditioneller wie neu gewachsener Religionen auffällig, und andererseits die religionstheoretisch veränderte Einstufung dieser pluralistischen und nicht-linearen Prozesse: Es führt keine Notwendigkeit von der magischen zur rationalen Einstellung. Das „Entzauberungsnarrativ" im Anschluss an M. Weber verliert seine unwidersprochene Exklusivität.[2] Ganz unterschiedliche Prozesse der Sakralisierung treten an die Stelle einer einheitlichen Entwicklungslinie. Dann bleibt aber erst Recht die Frage nach der begrifflichen Einheit eben der „postsäkularen" Lage – nach dem, was als „sakramentaler Kern" oder „sakraler Komplex" bezeichnet werden kann.[3] Zugleich ist mit „Entsäkularisierung"[4] ebenso zu rechnen wie mit neuen Schüben von Säkularisierung auf Grund von neuen Sakralisierungen. Dabei bedeutet die von Habermas gegenüber Joas markierte methodische Zugangsdifferenz zwischen phänomenologisch-erfahrungsorientiert und „Perspektive der Beteiligten"[5] keinen ausschließenden Gegensatz. Man könnte sogar von einer Ergänzung zwischen einem mehr subjektiv ansetzenden (Joas) und einem mehr objektiv-gesellschaftstheoretischen (Habermas) Verfahren sprechen, die zusammen trotz und wegen fortschreitender Säkularisierung zumindest die Funktion und möglicherweise – bei aller Kontingenz und Pluralität – Unabdingbarkeit von (kulturell allgemeiner) Religiosität und (geschichtlichen) Religionen zeigen können.

---

[2] Vgl. Joas, Hans, Die Macht des Heiligen. Eine Alternative zur Geschichte von der Entzauberung, Berlin: Suhrkamp 2017, 444 f. (unter Berufung u.a. auf S.N. Eisenstadt).

[3] Habermas, Geschichte der Philosophie (wie Anm. 1), 91, 463; Bd. 2, 192 u.ö.

[4] Habermas, Geschichte der Philosophie (wie Anm. 1), Bd. 1, 83.

[5] Habermas (wie Anm. 1), 196 Anm. 27. – Zu Hans Joas' religionstheoretischer Methodik s.o. Essay 2.

Säkularisierung ist also ein mehrdeutiger Begriff, der sich erklärt, wenn er dialektisch auf sein Gegenteil bezogen wird, auf das er angewiesen ist: Sakralität bzw. Sakramentalität. Das wird dann möglich, wenn nicht mehr *Glauben und Wissen* oder *Offenbarung und Vernunft* als ausschließende Gegensätze angesehen werden, sondern von der Verflechtung beider ausgegangen werden muss. Wie das zu verstehen ist, lässt sich z.B. am Begriff der *Transzendenz* zeigen. Einmal vorausgesetzt, dass die seit Karl Jaspers diskutierte *Achsenzeit*, d.h. die in der 2. Hälfte des vorchristlichen Jahrtausends bei mehreren Religionen und Weltanschauungen aufgetretene „Revolution der Denkweise"[6], religionsgeschichtlich zu Recht so bezeichnet werden kann, dann ist der Transzendenzbegriff besonders charakteristisch für eine Neuerung, die bis heute in Kraft ist. Dass eine Wert- und Gewissheitsbindung, die das Handeln unmittelbar bestimmt, wie es dem religiösen Glauben eigen ist, auf einmal eine reflektierende Distanz aufzubauen in der Lage ist, zwingt z.B. zur Unterscheidung vieler Götter von einem, *dem* einen Gott. Auf diesen ist von da an alles Andere zu beziehen, das Geschaffene steht dem Schöpfer gegenüber, dass Immanente unterscheidet von sich per Abstraktion die Instanz der Transzendenz. Zu ihr gehören – als Errungenschaften der Achsenzeit – „Kritik, Reflexivität, moralischer Universalismus und Einsicht in die Symbolizität der Symbole"[7], Transzendenz bezeichnet mit dem korrespondierenden Begriff der Immanenz also eine Struktur, in der menschliche Erfahrungen gemacht und die eigenen (sozialen wie individuellen) Glau-

---

[6] Habermas, Geschichte der Philosophie (wie Anm. 1), Bd. 1, 186. – Vgl. zur Achsenzeit-Diskussion insgesamt: Joas, Macht des Heiligen (wie Anm. 2), Kap. 5.

[7] Vgl. Joas, Macht des Heiligen (wie Anm. 2), 314; Habermas, Geschichte der Philosophie (wie Anm. 1), 188, nennt noch ausdrücklich *„wachsendes Kontingenzbewusstsein"*.

bensformen ausgelegt werden. Seither mögliche Religionskritik *und* die Verteidigung bzw. theologische Präzisierung der Religion können ebenso auf die Idee der Transzendenz bauen wie die Philosophie. Wo und weil Letzteres geschieht, also die wachsende Ablösung der Dominanz der Theologie durch Säkularität des Denkens (bis zum methodischen Atheismus der wissenschaftlichen Moderne), kann dann von „nachmetaphysischem" (Habermas) Denken bzw. dem entsprechenden Zeitalter gesprochen werden. Es folgt auf die klassische (christliche bzw. theologische) Metaphysik in Antike und (europäischem) Mittelalter, und das nachmetaphysische Denken muss als „Religion im Erbe" (E. Bloch) der kritischen Gegenseitigkeit von philosophischer und theologischer Transzendenzvorstellung gerecht werden. So ist z.B. Kierkegaard auf dem Hintergrund des Hegelianismus ein nachmetaphysischer Denker.[8]

Daher kommt es, dass mit der (achsenzeitlichen) Entdeckung von Transzendenz als Ermöglichung von distanzierender Kritik ganz unterschiedliche Anwendungsfelder eröffnet werden, z.B. auch in politischer Hinsicht und im Blick auf die Autorität, wer – und wie – legitimiert in Fragen der Macht die eigenen Interessen durchsetzen kann. Hier kommt es durchaus zu Ungleichzeitigkeiten, weil politisch realisierte Säkularisierungen (etwa im Falle der Auseinandersetzungen zwischen Kirche und Staat in der Christentumsgeschichte) noch nicht bedeuten, dass die gesellschaftlichen (religiösen) Rituale, Weltanschauungen und Einstellungen dieselben Entwicklungen genommen hätten und verschwunden wären. So kann der „Kern einer liturgischen Praxis", auch wenn sie als „fremd geworden" nur „als ein archaischer Stachel im Fleisch der Moderne sitzt", „einstweilen für die säkulare Umgebung die Erinnerung an ein *star-*

[8] Vgl. HABERMAS, Geschichte der Philosophie (wie Anm. 1), 76.

kes Transzendenzbewusstsein" wachhalten.[9] Worum es im Einzelnen geht, lässt sich sehr eindrücklich an regionalgeschichtlichen Beispielen nachvollziehen (z.B. der *Geschichte der Evangelischen Kirche in Frankfurt am Main*), den konfessionellen und immer auch (kirchen-)politischen Auseinandersetzungen, die letztlich auf die jeweilige Berufung auf sakramentale Autorität zurückverweisen, die als unbedingt empfunden wird: „Transzendenzgewissheit" (K. Stock).[10] Wie aber kann zwischen berechtigter und fehlerhafter, Gewissheit zum Guten oder zum Bösen unterschieden werden? Wie ist mit der seit der neuzeitlich offensichtlichen Pluralität religiöser Gewissheiten umzugehen, sofern das Transzendenzbewusstsein Respekt und Kritik auf Gegenseitigkeit ermöglicht hat?

Die Vorstellung der Transzendenz kann präziser gefasst werden, wenn sie zunächst einmal vom räumlichen Kontext abgehoben wird: Nicht jenseits/diesseits bestimmt dann die transzendent/immanent Zuordnung, sondern ein Überschreiten im Zeitverlauf, in der Realität als Prozess.[11] Setzt man voraus, dass die universalen evolutionären Prozesse durch die Frage nach dem Grund (ratio, nicht causa), d.h. durch die Erklärungsbedürftigkeit teleologischer und kon-

---

[9] Habermas, Geschichte der Philosophie (wie Anm. 1), 200.

[10] Vgl. Telschow, Jürgen (Hg.), Geschichte der Evangelischen Kirche in Frankfurt am Main, Bd. 1–3, Frankfurt am Main 2018–2019.; vgl. meine Rezension, in: ThLZ 2019, 1260–1264. – Vgl. Stock, Konrad, Systematische Theologie. Teil I: Erfahrung und Offenbarung, Göttingen: Vandenhoeck & Ruprecht 2017, 366 ff.

[11] Vgl. Herms, Eilert, Systematische Theologie. Das Wesen des Christentums: In Wahrheit und aus Gnade leben, Bd. 1, Tübingen: Mohr Siebeck 2017, 177; zum theologischen Sprachgebrauch von „transzendieren", 351; und Ders.: Was meint die Rede von „Transzendenz"?, in: Elisabeth Gräb-Schmidt/Benjamin Häfele/Christian P. Hözchen (Hg.), Transzendenz und Rationalität, Leipzig: EVA 2019, 111–142, hier: 139.

tinuierlicher Zusammenhänge unvermeidlich auf die geistige Instanz einer „Ursprungsmacht" (E. Herms) verweisen, dann kann gefolgert werden: Die „Ursprungsmacht *transzendiert nicht Welt*, sondern *transzendiert zur Welt*".[12] Im Unterschied zu der säkularistisch, spätestens seit Kant, für verbindlich gehaltenen, vernichtenden Kritik der klassischen Gottesbeweise, besteht allerdings die phänomenologische oder kategoriale Wendung zur neuen Form von „Gottesargumenten" (Ch. S. Peirce) darin, gerade im evolutionistischen Prozessmodell die sonst nicht erklärbare Kreativität, z.B. wahrnehmungstheoretisch, neu zu denken: „Die Mannigfaltigkeit oder Mehrfachbestimmtheit allgemein [...] macht die Lebendigkeit oder Lebhaftigkeit des Universums aus; und ihre Wahrnehmung ist eine direkte, wenn auch verdunkelte Wahrnehmung Gottes."[13]

II. Umgang mit Säkularität

Die wachsende Säkularisierung hat offenbar ihre Grenze, wo die durchgeführte empirische Kritik an Institutionen, Texten, Selbstinterpretationen auf weiterreichende Theorien trifft, d.h. auf in neuer Weise zugelassene Fragen nach dem Grund, die selbst aus erfahrungswissenschaftlichen Prinzipien stammen. Die Überprüfung von Hypothesen ist, Säkularität im Ansatz der Wissenschaften vorausgesetzt, zuletzt nicht mehr die Sache von institutioneller Autorität, von isolierten positivistischen Faktenkontrollen und objektivierenden Selbstbeschreibungen, sondern diese stehen im

---

[12] Herms, Transzendenz (wie Anm. 11), 139; s.o. Essay 1.

[13] Peirce, Charles Sanders, Religionsphilosophische Schriften, hg. v. Hermann Deuser, Hamburg: Meiner 1995, 230 („Antwort auf die Nezessitaristen" [1893]).

weiteren Rahmen der Frage nach den Möglichkeitsbedingungen von allem. Konzentriert auf die Entdeckung der ursprünglichen Kreativität, die partiell als voraussetzungslose Erstinstanz erkannt werden kann, die aber gleichzeitig als „dunkle Wahrnehmung Gottes" einzustufen ist, in ihr kann dann die Fundierung der religiösen (ästhetischen, metaphysischen) Überzeugungsbildungen angelagert werden. Magie und Ritual, das Heilige und Mythologische, Meditation und Transzendenzbewusstsein sind Bearbeitungsformen jener Dunkelheit, die ins Licht zu treten versucht. Was Joas als „Selbsttranszendenz" ausgezeichnet hat, steht genau in dieser Funktion und hat seinen Grund in der existentiellen Verankerung und Unentrinnbarkeit des „Ergriffenwerdens" (im positiven wie im negativen Fall)[14], worauf Menschen lebenslang reagieren müssen. Solche Erfahrungen entstammen jeweils Wahrnehmungen, deren produktive Mehrdeutigkeit immer vorausgeht, wenn ein neuer Gedanke gefasst, ein Eindruck zur Sprache kommen und eine Hypothese bewährt werden sollen. Die entsprechenden Ausdrucksformen versuchen, die Kraft des ersten Eindrucks zu wahren, ohne dass dies jemals vollständig gelingen wird. Empirische Kontrollen sind in der Folge angebracht und zur vernünftigen Darstellung nötig, sie greifen aber nicht ‚hinter' den kreativen Ursprung zurück, was menschlich gesehen prinzipiell ausgeschlossen ist, und darin hat auch das Kriterium der Messbarkeit oder Faktenüberprüfung seine Grenze. In diesem Sinne wird das Materielle nicht aus seinem Rahmen von Kreativität und Regelhaftigkeit entlassen, ohne dass das Geistige am menschlichen Selbstsein das Materielle überfremden müsste – und umgekehrt.

Ein epochemachendes Beispiel für folgenreiche philosophische Inspiration durch Säkularität ist David Humes Re-

---

[14] Vgl. Joas, Macht des Heiligen (wie Anm. 2), 431.

ligionskritik. Einerseits in der durchdringend skeptischen Interpretation der Gottesbeweise (*Dialogues concerning Natural Religion* [postum 1779]), andererseits im Stil einer historischen Dekonstruktion der religiösen Wahrheitsansprüche (*The Natural History of Religion* [1757]). Anstelle der unglaubhaften Geschichten, die von den Religionen verbreitet werden, plädiert Hume für Vernunft und moralische Kriterien, um die Menschheit vor Aberglauben und falschen Machthabern zu schützen, z.B. so: „Ich glaube in der Tat, dass es im ganzen Heidentum keinen Glaubenssatz gibt, der sich so gut als Ziel des Spottes eignet, wie der von der *leibhaftigen Gegenwart*, denn er ist so absurd, dass er sich der Macht aller Argumente entzieht." Gemeint ist, das zeigen der Kontext und die mitgeteilten Witze bezüglich der „Lehren unserer katholischen Brüder", die Realpräsenz im Abendmahl.[15] – Was hier verkehrt läuft verdankt sich der fehlenden kategorialen Differenz im Begriff von *Realität*. Wittgensteins „Vorlesungen über den religiösen Glauben" machen mit gleicher Intensität darauf aufmerksam: „Während des Ersten Weltkrieges beobachtete Wittgenstein, wie Hostien in stahlgepanzerten Gefäßen transportiert wurden, und ihn berührte die Lächerlichkeit einer solchen Prozedur." – „Wenn man ihn (den Traum [vom Jüngsten Gericht]) mit irgendetwas vergleicht, was in der Wissenschaft eine Begründung genannt wird, kann man nicht einräumen, dass jemand nüchtern argumentieren könnte: ‚Schön, ich habe diesen Traum gehabt ... daher ... das Jüngste Gericht.' Man könnte sagen: ‚Für einen Fehler ist das einfach zu enorm.'"[16]

---

[15] Hume, David, Die Naturgeschichte der Religion, hg. v. Lothar Kreimendahl, Hamburg: Meiner 1984, 45 f. (12. Abschnitt).

[16] Wittgenstein, Ludwig, Vorlesungen und Gespräche über Ästhetik, Psychologie und Religion, hg. v. Cyrill Barret, übers. v. Eberhard Bubser, Göttingen: Vandenhoeck & Ruprecht ²1971, 87, 98 f.

Was ist dasjenige, das „berührt", was „einfach zu enorm" ist, als dass es übersehen und bestritten werden könnte? Real ist nicht das, was nur geträumt wird; was aber liegt dem Traum zugrunde, der mit Schreckensbildern ebenso umgehen kann wie mit Hoffnungsbildern? Ein harter Kern, ein fundamentum in re, lässt sich nicht durch Experiment und Argument fassen, sondern nur als vorgegebene ‚Realität' z.B. des Wunschinhaltes und der eingetretenen Qualität (in einer Primärwahrnehmung) zum Ausdruck bringen. Die paradoxe Konstellation von Hostien und ihrer denk- und erfahrbaren Trostfunktion, bei der es bereits um Leben und Tod zu tun ist, trifft auf die dazu in keiner Art und Weise passenden Schutzmaßnahmen. Was dem religiösen Glauben unmittelbar ist und sich in der Hostie ‚zeigt' bedarf keiner Panzerung – das erbringt den Effekt der „Lächerlichkeit"; anders gesagt, was empirisch gesehen nicht greifbar sein kann, ist die vor aller Verpackung liegende ursprüngliche Kreativität, die sich im existentiellen Gebrauch bewährt. Das geschieht in jeweils eigenen Verbildlichungen, unterschiedlichen Zeichenrelationen, die immer und zuletzt eine (mögliche) Realitätsauffassung implizieren. Dass Glaube Nicht-Wissen bedeute, ist daher zutiefst ambivalent, je nachdem, ob man vom Vorrang und der anderen Ebene des religiösen Glaubens ausgeht oder vom Vorrang des argumentativen Wissens. Auf der Wissensebene erscheint dann der religiöse Glaube „einfach zu enorm", als dass es sich prinzipiell um einen „Fehler" handeln könnte. Universale Geltung beanspruchen in der Regel beide Seiten, das ist das Erbe der achsenzeitlichen Entdeckung der Transzendenz, vor der es kein Verstecken und keine Ausnahme gibt. Die Säkularität entsteht und wirkt beiderseits, und sie dringt auf Reinheit und Einheit. Sind dann Glauben und Wissen aber schon ausreichend mitcinander vermittelt? Gibt es also doch Argumente im Sinne von Humes Kritik, die die Realpräsenz verständlich machen, transformiert unter den Bedingungen der Säkularisierung?

Wittgensteins Aufdeckung der Sonderrolle des religiösen Glaubens trägt offensichtlich selbst Argumente vor, auch wenn es solche sind, die die Vorherrschaft empirischer Maßstäbe gerade bestreiten. Das gelingt im Hinweis auf den Sprachgebrauch und die darin bewahrte Bildung von Gewissheit im Blick auf Handlungen im Horizont der Lebenswelt. Im Sakrament bündeln sich solche Gebrauchs- und Gewissheitsformeln, deren Symbolik zugleich zur Darstellung kommt. Ritualität und Mythos kommen zusammen und nur so – mit Wort und Handlung – werden Gebrauch und Gewissheit gegenwärtig. Diese Realpräsenz ist nicht ohne Erinnerung, nicht ohne Darstellung, nicht ohne innerliche Aneignung der vollführten gemeinschaftlichen Handlung, die auf die alltäglich gewohnte oder geforderte Handlung zurück und vorausweist. Das Sakrament ist wie ein Erfahrungsgipfel in der bildhaft konzentrierten Wahrnehmung von universaler Kreativität, die Leben und Tod umfasst – christologisch ausgedrückt: Kreuz und Auferstehung. Deren Realität ist im Sakrament eingeschlossen, wenn sie sich vergegenwärtigend erschließt. So hat Hume am Ende seiner *Dialoge*, im Namen der Kunstfigur des Cleanthes, eingeräumt, dass die „ganze natürliche Theologie" letztlich das Richtige treffen könnte, wenn nach Abzug von „Aberglaube" und „hochmütiger Dogmatik" einiges „Erstaunen aus der Größe des Gegenstandes" entspringt. Das setzt aber Veränderungen der theologischen Argumentationsbasis ebenso voraus wie die Selbstkritik der „menschlichen Vernunft".[17] Für den Pragmatismus (Ch. S. Peirce) handelt es sich um genau den Gegensatz

[17] Vgl. Hume, David, Dialoge über natürliche Religion, hg. v. Günter Gawlick, Hamburg: Meiner 1980, 120 ff.

von *Nominalismus* (nur „Singularitäten" können als „reales Sein" gelten) und *Realismus* (es gibt einen „Modus der Existenz": der „Erinnerung" und der „Erwartung", einen Modus des *„Würde-Seins"* und des *„Gesetz-Seins"*, und einen des *„Sein-Könnens"*).[18]

Der Einwand liegt nahe, diese Offenheit für eine modale und temporale, neue Metaphysik für anachronistisch zu erklären, weil die Frage nach dem *Ganzen* und dem *Grund* überhaupt nicht mehr gestellt zu werden braucht. Die Antwort kann dann nicht darin bestehen, einfach das Gegenteil aus Gründen der philosophisch-theologischen Denktradition zu behaupten, sondern es muss eben an der aktuellen (Lebens-)Erfahrung eine (fallible) theoretische Zugänglichkeit gezeigt werden, die zugleich der konkreten Geschichtlichkeit und Kontingenz zu entsprechen vermag. Ein Beispiel für die Negation von (alter) Metaphysik bei gleichzeitiger Sensibilität für allgemeine, vernünftige Steuerungsprozesse und existentielle Eigenwahrnehmung ist Niklas Luhmanns systemtheoretische Religionssoziologie. Sie beruht auf der Begründung von Säkularität durch gesellschaftliche Differenzierung, die den Teilsystemen ein Eigenrecht der Systemerhaltung im Rahmen des Gesamt der Gesellschaft zuspricht, ohne dass z.B. das System *Religion* noch für die Gesamtgesellschaft zuständig sein könnte. So ergibt sich ein Zugleich von Respekt gegenüber der Religion und ihrer säkularen Entmachtung: Die Religion ist nicht mehr *„eine notwendige Vermittlungsinstanz, die die Beziehung aller gesellschaftlichen Aktivitäten zu einem Gesamtsinn herstellt."*[19]

---

[18] Peirce (wie Anm. 13), 408f. („Bedeutungslehre und Logik" [1909]) – Vgl. Deuser, Hermann, Humes pragmatistisches Argument für die Realität Gottes, in: Gottesinstinkt. Semiotische Religionstheorie und Pragmatismus, Tübingen: Mohr Siebeck 2004, 174–186.

[19] Luhmann, Niklas, Die Religion der Gesellschaft, hg. v. André Kieserling, Frankfurt am Main: Suhrkamp 2000, 125. – Be-

Was dabei an Reflektiertheit, Selbstkritik, Traditionsanschluss und Anforderungen an das Teilsystem zum Zweck der Selbststeuerung verlangt wird, zeigt sehr schön die Bemerkung: „Man kann [...] fragen: wenn Wein und Brot nicht verfügbar sind, warum nicht Malzbier und Bananen?“[20] Das Heilige, wie es systemintern in der Pflege des Rituals zum Ausdruck kommt, ist eigentlich eine Selbstverständlichkeit (Brot und Wein), die aber von außen gesehen erklärungsbedürftig wird – und das wiederum wird vom Religionssystem als Problem registriert und verlangt theologische Bearbeitung. Dass diese gelingt ist nicht auszuschließen, hier haben säkulare Religions- und Kirchenkritik ihre Grenze, wenn auch zögerlich konstatiert werden kann, dass die „Radikalität des Strukturwandels zur modernen Gesellschaft [...] in der theologischen Selbststeuerung des Religionssystems noch keine Entsprechung gefunden“ hat.[21] Mit der gesellschaftlichen Systemfunktion ist aber jedenfalls weiter zu rechnen, wenn es auch nur zu einer „Religion erkennbarer Seltsamkeiten“ käme.[22]

Solche Ambivalenzen des unentbehrlichen und doch bemitleidenswert zurückstehenden Religionssystems ist Ausdruck fortgeschrittener Säkularisierung, ihrer Dialektik. Das Sakrale überwintert bei den guten Vorschlägen der Soziologie, die bei Luhmann durchaus sensible Angebote für die christliche Theologie machen kann. Fundiert in der so-

---

sonders zum Vorläufer dieses Bandes, der Funktion der Religion (1977) vgl. DEUSER, Religion, Kontingenz und christlicher Glaube, in: Was ist Wahrheit anderes als ein Leben für eine Idee? Kierkegaards Existenzdenken und die Inspiration des Pragmatismus, hg. v. NIELS JØRGEN CAPPELØRN/MARKUS KLEINERT, Berlin/New York: DeGruyter 2011, 380–409.

[20] LUHMANN, Die Religion (wie Anm. 19), 118.

[21] LUHMANN, Funktion der Religion (wie Anm. 19), 223.

[22] LUHMANN, Die Religion (wie Anm. 19), 129.

zialen Situation auch des modernen Menschen sind die Extreme der Kommunikationsspannungen in „Erlösungsbedarf“ und zuletzt im Bild des Opfers aufzufangen: In „nicht mehr zu überbietender Weise: im Opfertod Gottes und der daran anschließenden Mythologie der erlösenden Auferstehung.“[23] Doch wie kann das zur handlungsleitenden festen Gewissheit werden, was die Reflektiertheit der Systemanforderungen vorschreiben? Worin besteht die Vermittlung zwischen sakraler Transzendenz und kontingenter Immanenz? Es bleibt, anders gesagt, die Frage nach dem Medium, in dem (traditionelle) Ritualität in religiöse Symbolik übergehen kann, ohne dass die Kraft des Sakralen dabei verloren geht. Jedenfalls ist eine *Übertragung* in der Bedeutung religiöser Ausdrucksformen – und damit deren Objektvorstellungen, Normativität und Subjektvermittlung – unumgänglich, um der Sakralität, konzentriert im Sakrament, gerecht zu werden. J. Habermas hat an dieser Nahtstelle der religionssoziologischen Rezeption von Ritualität in Religion und Theologie den Vorschlag gemacht, von einer „Versprachlichung des Sakralen“ auszugehen: „Die Aura des Entzückens und Erschreckens, die vom Sakralen ausstrahlt, die *bannende* Kraft des Heiligen wird zur *bindenden* Kraft kritisierbarer Geltungsansprüche zugleich sublimiert und veralltäglicht.“[24] Man kann ergänzen, dass es ohne eine solche Kraft zu einer Bindung nicht kommen kann. Entscheidend ist aber, ob die Übertragung gelingt, denn sonst würde das *Bannende* nur als Verflachung des Sakralen wieder auftauchen und die Philosophie würde vorrangig die Modalitäten bestimmen.[25]

---

[23] LUHMANN, Die Religion (wie Anm. 19), 130 f.

[24] HABERMAS, Theorie des kommunikativen Handelns, Bd. 2, Frankfurt am Main: Suhrkamp 1988, 118 f.

[25] Zur Kritik dieser philosophischen Zurücksetzung der sakralen Elemente vgl. KODALLE, KLAUS-MICHAEL, Die Eroberung des Nutzlosen. Kritik des Wunschdenkens und der Zweckrationalität im

Diese Gefahr besteht dann nicht mehr, wenn das Bewusstsein *„wachsender Kontingenz"* und *„Reflexivität"* von beideneiten her entdeckt und bearbeitet wird, wie Habermas es für die christliche, mittelalterliche Philosophie *und* Theologie und dann vor allem für die Reformation konstatiert. Die Theologie liefert der Philosophie eine neue Begrifflichkeit und umgekehrt stellt die Philosophie der Theologie jeweils eine philosophische „Sprache" zur Verfügung, um „über ihr Proprium verständlich reden zu können."[26] So kann auch der „Mythos" – eine „erste Gestalt der *Versprachlichung rituell verkapselter sakraler Gehalte*" – als Aufklärung gesehen werden, und schließlich führt das zu einem „entritualisierten Geschäft der philosophischen Theorie".[27]

Das gesuchte Medium also ist die Sprache, die selbst ganz und gar Vermittlung ist: Symbolik zwischen den (wahrgenommenen) Dingen und ihrer kontextgebundenen Interpretation, d.h. eine Abstraktionsleistung ist nötig, was wiederum an die achsenzeitliche Distanzierung als Zugang zu den Dingen erinnert. Symbole bleiben immer auch lebensweltlich gebunden, sie sind sozial interaktiv und stellen eigens etwas dar, kurz: eine „triadische Beziehung".[28] Die „linguistische Wende" ist nicht auf gesprochene Sprache begrenzt, sondern diese ist Teil der Zeichenwelt, wie sie in Peirce' Spätwerk als „semiotischer Idealismus" zum Ausdruck kommt.[29]

Anschluss an Kierkegaard, Paderborn 1988, 48 f.; Joas, Hans, (2017), 159 f.

[26] Habermas, Geschichte der Philosophie (wie Anm. 1), Bd. 1, 154, 162; vgl. 187.

[27] Habermas, Geschichte der Philosophie (wie Anm. 1), 207, 422; vgl. 142.

[28] Habermas, Geschichte der Philosophie (wie Anm. 1), 236.

[29] Habermas, Geschichte der Philosophie (wie Anm. 1), Bd. 2, 709, 705.

Wie dringend die semiotische Übertragung ist, zeigt z.B. die Corona-Krise in ihren weltanschaulichen Effekten und Verunsicherungen. Drei klassisch-theologische Antworten sind denkbar: (1) ‚Gott sitzt im Regiment', (2) ‚Gott straft uns wegen der Sündenschuld', (3) ‚Gottesliebe verlangt trotz Leiden und Tod Nächstenliebe unter den Menschen'. Der *sakrale Kern* ist deutlich: Vertrauen in den Weltlauf setzt den im Ritual (Gottesdienst und Sakrament) zugesprochenen und miterlebten universalen Sinnzusammenhang voraus. Stattdessen aber wird gerade der gesuchte Sinn, so intensiv diese Suche auch drängt und anwächst, torpediert durch radikale Missverständnisse: (1) ‚Gott' wird meistens wie in einem Mythos als himmlischer Agent oder Marionettenspieler vorgestellt, wie er im Weltbild und Erfahrungszusammenhang der Moderne nicht mehr nachvollziehbar ist, und dessen ‚Handeln' entweder gespenstisch anmutet oder als lebensferne Fiktion erscheinen muss – also gerade zu dem gesuchten Weltvertrauen nichts mehr beiträgt. Ganz anders bei unvoreingenommener Lektüre der beiden Schöpfungserzählungen der Bibel (Gen 1 u. 2). Sie haben eine lebensweltliche Prägekraft und anschauliche Intensität, wie man sie nur wünschen kann und verlangen deshalb nach Übertragung. (2) ‚Gott' als strafende Instanz gehört (mit allen Fehlentwicklungen) zur christlichen Tradition, aber auch hier ist der biblische Zusammenhang von anderer Intention. Die Sintfluterzählung (Gen 6–9) hat ihre Pointe im Bild der Rettung (Arche) und der tröstlichen Neuordnung der Lebenswelt (Noahbund und Regenbogen). Der Übertragungsbedarf, d.h. der „Kern" der Erzählungen ist offensichtlich. (3) ‚Gott' als normative Instanz zur Begründung einer universalen Ethik im Sinne der 10 Gebote und der Bergpredigt leuchtet dem Bedürfnis nach sofort ein, bleibt aber unsicher, weil die Gottesinstanz, verbunden mit der alten Metaphysik, als unhaltbar erscheint. Wie soll dieser ‚Gott' vorgestellt und bei wachsendem Pluralismus der Ethik-Orientierungen in seiner alten „Kern"-Funktion wieder gewonnen werden? Die universale Ethik erscheint als frommer Wunsch. Welche Gründe gibt es, sich um Alte und Kranke zu kümmern, anstelle pure Eigeninteressen rücksichtslos zu verfolgen? – Die in allen drei Beispielfeldern nötige Übertragung setzt den weiten Blick des physikalischen Universums, der biologischen Evolution und der subjektvermittelten Sozialität einer Ethik des (religiösen) *common sense* voraus. (1) *Gott* wirklich anrufen zu können, verlangt die Einsicht in ein dynamisches Universum, dessen raumzeitlicher Ursprung sich entzieht, aber in seinen kreativen Wirkungen präsent wird. Diese ursprüngliche Kreativität ist in jeder geistigen Funktion und Wahrnehmung enthalten, und sie kann nicht anders als in diesem Punkt anthropomorph und instinktiv aufgefasst zu werden. Was könnte sonst an dieser prinzipiell ersten Stelle genannt werden, wenn nicht Gott in diesem übertragenen Sinnkontext: „Seinem eigenen Bewusstsein die Divination bezüglich der Phänomengründe absprechen zu wollen, das wäre für den Menschen so töricht wie für einen eben flügge gewordenen Vogel, nicht auf seine Flügel zu vertrauen und sein Nest zu verlassen"[30]. Auf diesem (geistig-materiellen) „Instinkt" beruht und auf ihn verweist das Symbol Gott, es „überträgt"[31] die Wahrheit ursprünglicher Kreativität und wiederholt auf diese Weise, was Gottes „Regiment" einmal gemeint hat. (2) Dies jetzt vorausgesetzt wird das wachsende Kontingenzbewusstsein als eingebettet in den universalen Prozess des Werdens, des Kontinuums verständlich. Das

[30] Peirce, Schriften (s. Anm. 13), 348 („Ein vernachlässigtes Argument für die Realität Gottes" [1908]); vgl. zum Kontext Deuser, Was ist Wahrheit (wie Anm. 19), 523–548 („Instinkt und Symbol").

[31] Vgl. Deuser, Was ist Wahrheit (wie Anm. 19), 535 („carry-over" [R. C. Neville]).

Ursprüngliche, Transzendente[32] gehört selbst zum Kontinuum, in dem Spontaneität und Regelhaftigkeit sich wechselseitig steigern. Das lässt sich semiotisch ausdrücken in der dreigliedrigen Struktur von bildhafter, qualitativer Ähnlichkeit der immer zugrundeliegenden Wahrnehmung: Ikon; dem Gegenstandsbezug: Index; der Gesamtrelation einer festlegbaren Interpretation: Symbol.[33] Einen ‚Gott' ohne Umstände als Strafautorität für kontingente geschichtliche Ereignisse in Anspruch zu nehmen, erscheint demgegenüber beliebig und unangemessen. In Wahrheit handelt es sich um ein Prozesskontinuum, das Leiden und Tod ebenso enthält wie Lebenskraft und Auferstehungshoffnung. In diesem Rahmen stellen sich dann allerdings die Fragen der Theodizee, der Vorsehungslehre, der Prädestination etc. – dann und unter diesen Bedingungen aber auch die Frage nach der existentiellen Verwicklung und Stellungnahme des Einzelnen bzw. aller Menschen, um den Ernst und die geforderte Verantwortlichkeit in solchen Situationen unbedingt anzuerkennen (Arche Noah, Regenbogen). Das Symbol *Gott* ist der Inbegriff einer semiotischen Realität, zu der die Menschen selbst gehören. (3) Entsprechend ist die Frage nach einer allgemeinen und zugleich die konkrete Selbsterfahrung nicht überspielenden Ethik nicht mit Appellen zu lösen, sondern prozessrelevant zu verstehen. Die Rolle, die der instinktive Schluss (Abduktion) bei dem hohen Grad an Überzeugungskraft auch im Alltäglichen spielt, zeigt in der Frage nach (praktischen) Gründen, dass Normativität in gewisser Weise aus Voraussetzungen entsteht, die über Gewohnheiten des *common sense* zur Wirkung kommen und zur Dis-

[32] Vgl. HERMS, Transzendenz (wie Anm. 12).

[33] Zur formalen Bestimmung von Ikon, Index und Symbol in PEIRCE' 4. Zeichenklassen vgl. LINDE, GESCHE, Zeichen und Gewissheit. Semiotische Entfaltung eines protestantisch-theologischen Begriffs, Tübingen: Mohr Siebeck 2013, 833–843.

kussion stehen.[34] Die *Goldene Regel* bringt das zum Ausdruck, und sie ist für umstrittene Situationsentscheidungen leitend, die gleichwohl mit einer Tendenz zu überzeugenden Verallgemeinerungen auch für höher komplexe Wertekonflikte ausgezeichnet sind. Die biblische Gottesoffenbarung am Sinai und die eschatologische Autorität der Bergpredigt erscheinen dann *übertragen* in der personalen Ernsthaftigkeit normativer Überzeugungsbildung. Auf deren Basis gilt für den religiösen Glauben Wittgensteins Beobachtung, dass ein Mensch „für diesen Glauben Dinge wagt, die er für andere, ihm weitaus besser demonstrierte Sachen, nicht riskieren würde."[35] Die Entscheidung über die jeweilige Berechtigung der Übertragung (es gibt folglich auch unberechtigte und fehlerhafte) fällt dann in der Kritik an den Handlungskonsequenzen, unseren Verhaltensgewohnheiten („habit of conduct"), die „vernünftigerweise" aus dem (religiösen) Glauben folgen.[36]

III. „Sakraler Komplex": Das Sakrament

In alle diese Übertragungsbeziehungen tritt das Sakrament ein, um das Handeln Gottes zu symbolisieren. Hier, am zentralen Beispiel des Abendmahls (Eucharistie) gezeigt, konzentriert sich das eigentlich Unaufgebbare der religiösen Traditionen, ohne welches die Prozesse der Säkularisierung ihren Sinn verlören. Die Unbedingtheitserfahrung des Heiligen summiert den Komplex der religiös-gesellschaftlichen Funktionen, im Mittelpunkt das Sakrament als dominieren-

[34] Vgl. PEIRCE, Schriften (wie Anm. 30), 353.

[35] WITTGENSTEIN, Vorlesungen (wie Anm. 16), 88.

[36] Vgl. PEIRCES Definition seines *Pragmatizismus*, in: PEIRCE, Schriften (wie Anm. 30), 353 f.

des Ritual: „Solange es die Religion verdient, als zeitgenössische Gestalt des Geistes ernst genommen zu werden, kann eine Sinngebung, die die Gläubigen überzeugt, nicht in einer ihrer Funktionen aufgehen."[37] Wie aber ist unter „nachmetaphysischen" Bedingungen der Übertragung religiöser Traditionen deren „Kern" aufrecht zu erhalten? Wenn Kierkegaard schon als genuin moderner Denker gelten darf[38], sollte seine Abendmahlsauffassung in charakteristischer Weise lehrreich sein, zumal dann, wenn der generelle Eindruck besteht, in Fortsetzung der kritischen Motive der Reformation habe bei Kierkegaard, dem „religiösen Schriftsteller", die Sakramentenlehre keine entscheidende Bedeutung.[39] Weniger bekannt ist die Tatsache, dass Kierkegaard zwischen 1847 und 1851 zusammen 13 Abendmahlsreden geschrieben hat, jeweils im wirklichen oder fiktiven liturgischen Bezug zum Beicht- und Abendmahlsgottesdienst am Freitag in der Kopenhagener Frauenkirche. Dazu liegen inzwischen genaue Untersuchungen zum historischen Kontext vor, jetzt auch eine detaillierte Kommentierung von N. J. Cappelørn, die dem Folgenden zugrunde liegt.[40]

Der (christliche) Glaube gebraucht „den Ausdruck ‚Sakrament' zunächst und grundsätzlich nur im Singular" für

[37] Habermas, Geschichte der Philosophie (wie Anm. 1), Bd. 1, 192.

[38] Vgl. Habermas, wie oben Anm. 8.

[39] Habermas, Geschichte der Philosophie (wie Anm. 1), Bd. 2, 698 vgl. 600: „der religiöse Schriftsteller Kierkegaard" interessiert sich „für die literarische Darstellung von konkreten Lebenserfahrungen und Lebensverläufen, in denen die authentische Suche nach – und das Scheitern von – christlich inspirierten Lebensentwürfen Gestalt annimmt."

[40] Vgl. Cappelørn, Niels Jørgen, Die ursprüngliche Unterbrechung. Søren Kierkegaard beim Abendmahl im Freitagsgottesdienst der Kopenhagener Frauenkirche, in: KSYB 1996, 315–388; Ders.: Forligelse. Om teologien i Søren Kierkegaards altergangstaler, Kopenhagen 2021: Eksistensen.

das „Christusgeschehen“, „ein wirksames Zeichen, nämlich die wirksame Äußerung des göttlichen Gemeinschafts- und Versöhnungswillens für das geschaffene Personsein“.[41] – Kierkegaard diskutiert in seinen Abendmahlsreden mit keinem Wort die klassischen theologischen Streitfragen über die Elemente, ihren Charakter als Zeichen, ihre Realität oder Symbolisierung. Gleichwohl sind hinter der Sprachkunst und dialogischen Form der ‚erbaulichen‘ oder ‚christlichen‘ Reden die Topoi der (lutherischen) Dogmatik deutlich erkennbar, es findet offensichtlich auch hier bereits eine *Übertragung* statt, die als solche ebenfalls nicht diskutiert, sondern durchgeführt wird. D.h. Kierkegaard will es vermeiden, sowohl die aufgeklärte Dogmenkritik als auch die historische Bibelkritik direkt anzugreifen, obwohl er beides theologisch für Fälschungen des eigentlichen, des existentiellen Themas der Theologie hält. Letzteres tritt in der Gestalt des ‚religiösen Schriftstellers‘ auf, in literarischer Form gemäß der pietistischen Tradition religiöser Reden bzw. Predigten, bei Kierkegaard ein eigenwilliges Ineinander von Argument, persönlicher Ansprache und bildkräftiger Szene. Zu Kierkegaards Zeit war es üblich, sich zum Abendmahl anzumelden, ebenso zu einem vorausgehenden Beichtgottesdienst. Zu beiden verlangte die Liturgie eine kurze Ansprache, wobei gruppenweise nach der Beichte die Bewegung in die Mitte der Kirche zum Abendmahl vollzogen wurde. Kierkegaard hat von den 13 Abendmahlsreden drei wirklich selbst gehalten, in den Journalen findet sich eine Vielzahl von Ideen zu immer wieder neuen Entwürfen.[42] Inhalt dieser Reden ist die Innerlichkeit des einzelnen Menschen vor der individuellen Vergebung am Altar, gänzliche Offenheit zur Selbstkritik und Wiedergewinnung des eige-

---

[41] Herms, Systematische Theologie (wie Anm. 11), 955.

[42] Vgl. Cappelørn, Unterbrechung (wie Anm. 40).

nen Selbst im Horizont des Alltagslebens nach der Abendmahlsfeier. An dieser Thematik, die sich jeweils auf einzelne Bibelstellen beruft, ist nun auf den ersten Blick nichts anders als bei den zahlreichen anderen *Erbaulichen Reden*. Nur eines: Ängste und Verzweiflung, Schuld und Sünde des Menschen, der das Abendmahl sucht, werden in vielen Nuancen existentiell lebendig, um im Leiden des Gekreuzigten den rettenden Widerpart so bildkräftig wie irgend möglich zu zeichnen. Das Zeichen aller Zeichen im Abendmahl ist das Christusbild[43], das der inneren Gestimmtheit entsprechen oder diese erst offenlegen will. Die ikonische Wahrnehmung von Brot und Wein, die indexikalischen Bezüge zur Jesusgeschichte und die Symbolhandlung im Sinne der Gemeinschaftsbildung – all das wird mit dem erlebten Ritual vorausgesetzt und zugespitzt allein auf die Christusgemeinschaft: „Deshalb heißt das Abendmahl eine Gemeinschaft mit ihm", wie die letzte dieser Reden 1851 am Ende sagt.[44]

Semiotisch genauer ausgedrückt ist es die Zeichenstruktur, die die Zeichenformen bestimmt. So ist das Symbol als Interpretant ein Zeichen seines Objektes, und zwar in einem zeicheninternen, *unmittelbaren* Sinn und in einer Beziehung zum *dynamischen* Objekt in einem vom Bezeichnungsakt unabhängigen Sinn. Das Symbol trägt also die Möglichkeiten der reflektierenden, aufeinander aufbauenden Interpretationen in sich, die auch das dynamische Objekt beeinflussen können.[45] Kierkegaards Reden nutzen die Kraft der Symbo-

---

[43] Vgl. Deuser, Hermann, Semiotik und Sakrament, in: Ders.: Gott: Geist und Natur. Theologische Konsequenzen aus Charles S. Peirce' Religionsphilosophie, Berlin/New York: DeGruyter 1993, 174–198, 195.

[44] Zwei Reden zum Abendmahl am Freitag 1851, in: Ges. Werke, 28. Abtlg., übers. von Emanuel Hirsch, Düsseldorf: Diederichs 1953, 39; vgl. Cappelørn, Unterbrechung (wie Anm. 40), 87 f.

[45] Vgl. die genaue Erklärung und Ableitung bei Vetter, Martin,

lisierung, indem sie als unmittelbares Objekt die Existenz des Lesers aufbauen und als dynamisches Objekt dessen (des Lesers) Christusbild, wie es das Sakrament vermittelt. Das Eingangsgebet der ersten Rede 1848 (*Christliche Reden*, 4. Teil[46]) zeigt als Introduktion wie das „Verlangen" nach dem Sakrament, d.h. nach Vergebung und Versöhnung – und darin liegt hier der *sakramentale Kern*, verwandelt wird in ein Verlangen, das Gott gibt; und damit ist eine existenzdialektische Situation geschaffen, eine *Übertragung* im dynamischen Objekt (das bekannte Abendmahlsritual) kraft seiner literarischen Symbolisierung. Diese enthält als weitere Aufbauelemente die Metaphorik vom günstigen Augenblick (vgl. Kol 4,5) und dem Kaufakt, bei dem alles gegeben wird (vgl. Mt 13, 44–46). All das, um die Gespanntheit der eröffneten Situation einer Gabe, die sich doch gerade als Verlangen darstellt, zu verstärken.[47] Diese widersprüchliche Konstellation wiederholt sich in der Rede mehrfach, am härtesten in einem zentral stehenden inneren Monolog über negative Kontingenzerfahrungen[48]: Wenn alles „eitel" ist, alles einem destruktiven „Vielleicht" unterliegt, ist nichts gewiss als allein der Tod. Vertrauen kann man dann „nicht einmal Gott im Himmel" – die Ausweglosigkeit eines Nihilismus. Kierkegaard gibt darauf eigentlich keine Antwort[49], außer dass er die offenbar als noch furchtbarer empfundene christologische Konstellation einfach dagegen stellt: durch den Tod gibt Jesus Christus „Leben". Wie kann das aber gewiss werden?

Zeichen deuten auf Gott. Der zeichentheoretische Beitrag von Charles S. Peirce zur Theologie der Sakramente, Marburg: Elwert 1999, 107.

[46] Christliche Reden 1848, in: Ges. Werke, 10. Abtlg., übers. von Emanuel Hirsch, Düsseldorf/Köln: Diederichs 1959, 269.

[47] Zu den biblischen Bezügen der Metaphorik vgl. Cappelørns Kommentar zur Stelle.

[48] Christliche Reden (wie Anm. 46), 273–277.

[49] Vgl. Cappelørn, Forligelsen (wie Anm. 40), 96.

– Semiotisch gesehen entsteht Gewissheit, indem im Sakrament die äußere Handlung (Erinnerung an Passion und Auferstehung = Leben) deren Bedeutung sinnlich darstellbar macht. Die Gewissheit, die nicht trügen kann, liegt in dem kategorial *Ersten*, auf dessen Vorausgehen auch alle Kritik erst möglich wird. Diese ikonische Basis ist in den Reden ihr Text, dessen Eindrücklichkeit an zweiter Stelle in Frage gestellt werden kann, worin zugleich ein Akt des Verstehens vollzogen wird. Die Unsicherheit, welche Konsequenzen aus rückhaltloser Kontingenz[50] gezogen werden sollen, entscheidet sich in unterschiedlichen Interpretanten[51] (vom Gefühl der Gewissheit bis zur offenen Skepsis), die als solche *in the long run* bestätigt oder widerlegt werden, aber dies niemals ohne die vorreflexive Haltung und Einstellung eines (religiösen) *common sense*.[52]

Was das (dogmatische) Verständnis des Sakraments betrifft, so könnte man bei Kierkegaard von einem christologischen Ansatz[53] sprechen, solange der Gedanke der Versöhnung und Vergebung thematisch ist. Allerdings werden, übertragen in den Stil der Rede, auch weitere dogmatische Topoi eingesetzt (ohne die Begriffe zu nennen), z.B. die Funktion des Geistes als Element der Trinität: „So ist denn das Verlangen in deiner Seele erwacht. Es ist unerklärlich, sofern es doch von Gott kommt, der darin dich zieht; es ist unerklärlich. Sofern es kommt durch Ihn [...]; es ist uner-

---

[50] Vgl. oben Anm. 32 u. 12.

[51] Vgl. Linde, Zeichen (wie Anm. 33), 1062: „Interpretanten, in denen das dynamische Objekt ‚Gott in Christus' repräsentiert oder mitrepräsentiert ist, sind, da sie sich der fortlaufenden Kollision mit widersprechenden Interprctanten ausgesetzt sehen, störanfällig."

[52] Vgl. oben Anm. 34.

[53] Zur Diskussion vgl. Vetter, Zeichen (wie Anm. 45). 258 ff. – Vgl. auch Luhmann, Die Religion (wie Anm. 23).

klärlich, sofern es des Geistes Wirken in dir ist".[54] – Das Besondere aber ist, dass alle Darstellungselemente, wie gesagt, gar nicht dogmatisch argumentieren wollen. Deshalb dominiert quer zu allen Lehrstücken eben das *Verlangen* in seiner existentiellen Dialektik, also einer gegenwärtigen religiösen Selbstwahrnehmung, die durchaus mit dem traditionellen Begriff der Realpräsenz bezeichnet werden kann: „jegliches Gezogenwerden der Seele, jegliche innige Regung des Herzens, jegliche heilige Stimmung, jegliches gottselige Verlangen [...], weil Gott nicht allein der ist, der sie gibt, sondern weil Gott in diesen Gaben sich selbst gibt!"[55] Dieser Perspektivenwechsel ist für Kierkegaard in der Situation der *Gleichzeitigkeit* fundiert, in der Begegnung mit dem zugleich ergreifenden und erschreckenden Christusbild. Diese Funktion macht den Sinn des Abendmahls aus: „denn in dem Verlangen selber *ist* das Ewige, ebenso wie Gott *ist* in dem Leid [Sorg], das *nach* ihm verlangt."[56] Entscheidend ist die unwiderstehliche Wucht des Bildeindruckes – wie in einer Erstwahrnehmung, die sich ästhetisch äußern muss mit Mitteln der Sprache, in Kunstwerken, in Vorstellungsbildern –, um dadurch etwas Anderes, das Unbedingte, sonst nicht Darstellbare zu erreichen. M. Luther hat diese semiotische Bildfunktion auf seine Weise zum Ausdruck gebracht: Das „Leiden Christi [...] hören oder gedenken" macht es unmöglich, „dass ich nicht in meinem Herzen sollt Bilder davon machen. Denn ich wolle oder wolle nicht, wenn ich Christum höre, so entwirft sich in meinem Herzen ein Mannsbild, das am Kreuze hänget".[57] Das Bild ist in dieser Funktion

[54] Christliche Reden (wie Anm. 46), 272.

[55] Christliche Reden (wie Anm. 46), 271.

[56] Christliche Reden (wie Anm. 46), 279.

[57] LUTHER, MARTIN, Wider die himmlischen Propheten, in: Ausgew. Werke, Bd. IV. München 1964, 88. (Vgl. WA 18, 83). – Zitiert bei HOFMANN, WERNER, Luther und die Folgen für die Kunst, Hambur-

nicht mehr als solches ästhetisch fixierbar und heilsnotwendig, sondern, wie Werner Hofmann gezeigt hat, an das leidenschaftliche Gewissen gebunden, das erst so oder so betroffen den richtigen oder falschen Gebrauch davon macht. Das ist die Folge der Reformation in der Kunst-, Kultur- und Religionsgeschichte, man könnte von einer kontingenten Rezeptionsästhetik sprechen, deren Ikonizität in jeder Wahrnehmung wirksam ist, und dies ganz besonders in Religion und Kunst, und zumal in der modernen Kunstreligion.[58] Sie überträgt religiöse Vorstellungselemente und Rituale in freier Aneignung und spielt mit der Verbindlichkeit der (sakralen) Traditionen. Darüber haben die Teilnehmer und Parteien des Marburger Religionsgesprächs – 1529, „am Ausgang des Mittelalters" – gestritten[59], und in dieser fundamentalen Weise umstritten zu sein, das gehört seit dieser Zeit zur Charakteristik der Kunstwerke. Wie Bilder als Zeichen zur Wirklichkeit stehen, zu der sie selbst gehören und doch das in ihr Ungreifbare zu thematisieren versuchen: die Elemente im Abendmahl als Symbolerschließungen, das Christusbild (paradigmatisch nach Form und Inhalt), wie es die religiöse Rede in der Verwunderung des Kindes pointiert, dass der „Gekreuzigte […] dass er Liebe ist".[60]

---

ger Kunsthalle 1983, 47. – Vgl. auch Deuser, Semiotik (wie Anm. 43), 195.

[58] Vgl. Hofmann, Luther (wie Anm. 57), 50 f. – Ausgeführte Beispiele finden sich in: Metamorphosen des Heiligen. Struktur und Dynamik von Sakralisierung am Beispiel der Kunstreligion, hg. v. Hermann Deuser/Markus Kleinert/Magnus Schlette, Tübingen 2015: Mohr Siebeck.

[59] Vgl. die Rekonstruktion von Kamper, Dietmar, Die Geschichte der Einbildungskraft, München/Wien 1981, 141–160.

[60] Kierkegaard, Søren, Einübung im Christentum, in: Ges. Werke, Düsseldorf/Köln 1962, 168. – Kamper, Geschichte (wie Anm. 59), 191–201, versucht die (christologische) Kategorie des Opfers (im

Kierkegaards Umgang mit dem Sakrament (Abendmahl) zeigt, wie sich die Übertragung von der tradierten, häufig festgefahrenen Debatte über die Elemente (Brot und Wein, Leib und Blut) auffangen lässt in einer Existenzialisierung des Gesamtgeschehens als Zeichenereignis. Das deckt sich durchaus mit der Feststellung, Kierkegaard sei „‚Existenz-philosoph' nur im Nebenberuf", während er als „religiöser Schriftsteller"[61] das menschliche Selbst in (semiotischer) Relationalität und umfassender Kritik der Moderne sympathetisch zum Maßstab erhebt. Religiöse Eigenständigkeit und präsentische Selbstwahrnehmung ignorieren dabei nicht das Widerstandspotential, das Kierkegaard anthropologisch-theologisch mit dem Sündenbegriff realistisch und unvermeidlich aufgegeben sieht. Sicherlich haben vor allem die späten Reden eine Tendenz zur Überspitzung, aber deshalb sollte mit dem *Begriff Angst* und der *Krankheit zum Tode* (d.h. dem Begriff *Verzweiflung*) als Orientierungsmarken die Einheit des Werkes nicht aus dem Blick kommen. Dann kann die Übertragung auch des Sündenbegriffs in eine gegenwärtig verständliche Sakramentsvorstellung gelingen.

Die Frage, ob damit auch eine anthropologisch-universale Religionsbegründung geliefert werden soll[62], ist dann wohl so zu beantworten, dass dank der semiotischen Darstellungsmittel und Kategorien[63] (Peirce) kein pluralismusfremder regional gebundener Begriff unvorsichtig verallgemeinert würde. Doch warum soll nicht, wie Joas es für

---

Anschluss an Th. W. Adorno) als Schlüssel zum späten Kierkegaard auch gesellschaftstheoretisch durchzuführen.

[61] Habermas, Geschichte der Philosophie (wie Anm. 1), Bd. 2, 697; vgl. Deuser, Hermann/Kleinert, Markus, Sokratische Ortlosigkeit. Kierkegaards Idee des religiösen Schriftstellers, Freiburg/München: Alber 2019.

[62] Vgl. Joas, Macht des Heiligen (wie Anm. 2), 439.

[63] S.o. Essay 2.

die religionssoziologisch und zeichentheoretisch gezeigte Selbsttranszendenz und die Funktion des Heiligen in Anspruch nimmt, für Religiosität dasselbe gelten: Bei genügender Abstraktion der Strukturen und gleichzeitiger Intensität der nicht limitierbaren kreativen Wahrnehmungen ist ein fallibler Universalanspruch unumgänglich und berechtigt.[64] Aufgehoben ist dann die hochrangige Spracheinstufung der metaphysisch orientierten Philosophien zugunsten des weitergefassten Zeichenbegriffs, besser: der Zeichenuniversen oder Universen der Erfahrung. Der „sakrale Komplex" wäre dann in seinen Übertragungspotentialen aufzuarbeiten, nicht bloß als noch unerledigte Traditionsbestände auszugrenzen. Die (Wieder-)Entdeckung der vorrangigen (religiösen) Wahrnehmungskreativität bleibt und wird unentbehrlich für die theoretische Verständigung bezogen auf Wissenschaft wie Lebenswelt, in individueller wie sozialer Verantwortlichkeit. Warum soll nicht wie in früheren Epochen eine „grundsätzlich inklusive Gemeinschaft von Gläubigen und Wissenden" wieder möglich sein?[65]

---

[64] Vgl. Joas, Macht des Heiligen (wie Anm. 2), 437–441.

[65] Habermas, Geschichte der Philosophie (wie Anm. 1), Bd. 1, 150.

4

Gibt es ein Gottesargument?

Dass *Gott* gedacht werden *muss*, dass sich das zeigen ließe, das war und ist der rote Faden in den Traditionsbeständen der sog. Gottesbeweise. Zu sagen *Gott kann* gedacht werden, ist dagegen die schwächere Fassung dieser Frage, ein zweiter nur leicht roter Faden, der immer wieder mit dem erstgenannten verwechselt werden kann. Doch worin genau besteht der Unterschied?

In Eilert Herms[1] phänomenologischer Begründung der Gottesaussage wird unter den Bedingungen der Moderne (Evolution, Kosmologie, Prozessrealität, Pragmatismus, Existenzialität, Geschichtlichkeit, Subjektivität, Kontingenz) kein Schlussverfahren bemüht, das Gottes *Existenz* zur Konklusion hätte, sondern in der konkreten Situation der Erschließung, die zuerst für jede Erfahrung unabdingbar und wesentlich ist, kann gefolgert werden, dass zum Gegebensein von Erfahrenem eine einheitliche Lebenswelt und deren (schöpferischer) Grund gehören. Und weil nicht vorstellbar ist, wie aus einer apersonalen Gesetzlichkeit der Natur personale/geistige Erfahrung hat werden können, bleibt eigentlich nur zu sagen: *Ergo* ist eine „weltübergreifende", kreative „Ursprungsmacht" zu denken.[2]

Heiko Schulz hat an der Darstellung dieser Argumentation beanstandet[3], dass der eingangs genannte Unterschied

---

1 Herms, Eilert, Systematische Theologie Bd. 1, Tübingen 2017; s.o. Essay 1.

2 Vgl. Herms, Systematische Theologie (wie Anm. 1), 470 f.

3 Schulz, Heiko, 10.9.2020 (brieflich).

zwischen einer *hinreichenden* Bedingung (Gott *kann* auf diesem Wege gedacht werden) und einer *notwendigen* Bedingung (Gott *muss* gedacht werden) im Unklaren bliebe. Ersteres ließe sich zeigen, Letzteres bisher nicht, d.h. die Religionskritik ist so noch nicht widerlegt. – Diese Kritik steht und fällt natürlich mit dem quasi als Ockhams razor eingesetzten Differenz-Dual von *hinreichend* und *notwendig*. Worum geht es?

„Logisch unterscheidet man notwendige und hinreichende B.en [Bedingungen]. Eine *notwendige B.* muss erfüllt sein, damit eine Handlung entstehen kann; ist sie nicht erfüllt, ist das Eintreten der Handlung nicht möglich. Von einer *hinreichenden B.* wird eine der möglichen Handlungen jeweils hervorgerufen.“[4]

„What do we mean by calling one thing a necessary condition, or a sufficient condition, for another? By saying that *B* is a *necessary* condition for *C*, we mean that nothing is a case of *C* without being a case of *B*. For example, being at least thirty years old is a necessary condition for being a United States senator. By saying that *B* is a *sufficient* condition for *C*, we mean that anything which is a case of *B* is a case of *C*. For example, eating a pint of arsenic is a sufficient condition for promptly dying.“[5]

Im Anwendungsfall der Gottesaussage bleibt zunächst, d.h. seit Kants Kritik der Gottesbeweise, ein Weg versperrt, nämlich die Rückschlusslogik, die besagt: Bestimmte Ereigniszusammenhänge (z.B. in der beobachteten, empirischen Natur) sind als Folgerungen aus einer Bedingung zu interpretieren, die selbst, notwendig und/oder hinreichend, nicht mehr gegenständlich gedacht werden kann. Das hat seinen Grund darin, dass Verstandesbegriffe exklusiv transzendental und empirisch gebunden sein müssen, transzendente oder supra-

---

[4] Kondakow, Nikolaj I, Wörterbuch der Logik (Moskau 1971, 1975), Hg. der dt. Ausg. Erhard Albrecht/Günter Asser, Leipzig, 2. Aufl. 1983, 70.

[5] Barker, Stephen Francis, The elements of Logik, New York: MacGraw-Hill 1989, 52.

naturale Welten sind folglich begrifflich hohl.[6] – Wird anstelle dieser Prämissen als Ausgangspunkt ein Erfahrungsbegriff gewählt, der evolutionistisch, kosmologisch, phänomenologisch etc. geprägt ist, dann geht es um spezifische Merkmale unserer Lebenswelt, wie sie uns erscheint, die kategorial[7] geordnet werden können. Dazu gehört unbestreitbar die aktive Symbolisierungsfähigkeit des menschlichen Geistes, die am vertrautesten in den verschiedenen Sprachen und Zeichenwelten lebendig ist und dabei vor allem verschiedene Ebenen der (Selbst-)Reflexion umfasst. Zugleich stößt man auf die, trotz ihrer Funktion bei der Symbolisierung, auch selbständige Gegenstandswelt in unaufhebbarer Distanz zur Subjektivität. Diese ist zwar methodisch vorübergehend in Abzug zu bringen (experimentelle Naturwissenschaft), genauer betrachtet aber ist sie in jedem Akt des Erfassens vorausgesetzt als produktive Wahrnehmung ‚von etwas'. Dieses noch Unbestimmte (gemessen an methodischer Objektivierung) ist gerade entscheidend für die Zugänglichkeit der Dinge überhaupt und zwar notwendig auf eigenwillige Erfahrungsweise.

[1] Es entsteht die paradoxe Situation, dass gerade die Basis allen Erkennens im direkten Zugriff nicht erkannt werden kann. Was die Wahrnehmung auszeichnet ist ihre Vorgängigkeit, auf die re-agiert werden muss. Es handelt sich also um eine ursprüngliche Ermöglichung oder Kreativität in den Prozessen des Werdens, wie sie von den heute einschlägigen Naturphilosophien als Geschichte der Natur oder des Universums beschrieben werden und wie sie als wachsendes Kontingenzbewusstsein in den gesellschafts- und kulturtheoretischen Modellen Eingang finden. Der Wahrnehmungsbegriff hat also einen mehrfachen Sinn: Er ist als *sinnliche Gewiss-*

---

6 Vgl. Deuser, Hermann, Religionsphilosophie, Berlin/New York: DeGruyter 2009, § 8.

7 Vgl. Deuser, Religionsphilosophie (wie Anm. 6), § 1.

heit (etwa mit Hegels Eröffnungskapitel der *Phänomenologie des Geistes*) unmittelbar mit dem *Fühlen* verbunden, und im Rahmen von allem Erkennen, Denken und Sprechen bleibt Wahrnehmung die Basis für perzeptionstheoretisch jeweils angemessen zu bestimmende Verständigungsmöglichkeiten. Ontologisch oder kosmologisch ist die Verankerung solcher Modelle des Verstehens in den Prozessen der Erfahrungswelt im Ganzen zu respektieren.

[2] Inwiefern sind dann Gott (als Schöpfer) und Natur (mit ihren Gesetzen und Konstanten) aufeinander bezogen? Handelt es sich überhaupt um eine Frage der Kausalität? – Die Natur kann salva veritate nicht als Bedingung für Gott verstanden werden. Das ist nur in philosophisch (noch) nicht durchgängig reflektierten Religionen und in der religionskritischen, negativen Wendung im Namen einer totalisierten Anthropologie möglich, weil sie, im letzteren Fall, sich allein weltimmanent-empirische Perspektiven vorstellen kann. Doch sie fußt natürlich auf der Umkehrung der Schöpfer-/Schöpfungs-Relation. Sie machte in ihrer genuinen Fassung eben dann Sinn, wenn Gott als Bedingung der Natur zu bestimmen wäre. Damit würde die genannte paradoxe Wahrnehmungssituation aufgelöst, wenn – z.B. in lockerem Anschluss an Hegels Gliederung (*Enzyklopädie* 1830) der Realisierungen des absoluten Geistes in Kunst, Religion und Philosophie – religiöse/ästhetische/theologische/metaphysische Verständigungsmittel zum Einsatz kommen: Gott als hinreichende (überzeugende, in sich klare, kreative) Bedingung alles Geschaffenen. – Doch entspricht dies dem Muster: Die Einnahme von Arsen (als hinreichende Bedingung[8]) ziehe im selben Akt die Todesfolge nach sich, also in unmittelbarer Kausalität?

---

[8] S.o. Anm. 5.

[3] Mittelbare Kausalität läge dann vor, wenn verschiedene Begungen erfüllt sein müssen, dass es zu einer bestimmten Folge kommen kann: Die Altersgrenze für die Bewerbung um das Senatorenamt ist eine notwendige Bedingung[9], ohne die – und weitere notwendigen Bedingungen, den geplanten Handlungen der Boden entzogen bleibt. Das lässt sich handlungstheoretisch auch so ausdrücken, dass eine Handlung gar nicht zustande kommt, wenn nicht zugleich gewisse inhaltlich anspruchsvolle Ereigniszusammenhänge im Spiel sind, die den Maßstab für die Beurteilung abgeben, welche Handlung „jeweils hervorgerufen" wird. Man könnte z.B. fragen, wie die Auswahl der notwendigen Bedingungen gesteuert wird oder auch, um im Beispiel zu bleiben, welche notwendigen Bedingungen in einer hinreichenden Bedingung stecken: Die Wirkung von Arsen verlangt chemische Prozesse, genaue Mengenangaben für den richtigen Einsatz, bestimmte gesundheitliche Voraussetzungen bei den Betroffenen – ohne die die Handlungsqualität nicht zustande kommt.

[4] Die rein formale Kausalität betrifft das Wahrnehmungsproblem also nur indirekt, inhaltliche oder besser: qualitative Entscheidungen sind ebenso vorauszusetzen wie zu fordern in einer (pragmatischen) Handlungssituation[10], die aufgrund der reflexiven Vermittlungsleistung von notwendigen Bedingungen in neue Grund-Folge-Unmittelbarkeit transformiert wird. Will man nicht in Verdacht geraten, die Frage nach dem Grund als Gottesfrage auf Umwegen nun doch wieder als kosmologischen Beweis (und seinem Scheitern) im Sinne Kants zu konzipieren, dann muss registriert werden, dass die Frage nach den unterschiedlichen Bedingungsformen letztlich auf die Gottesfrage nicht recht passt.

---

[9] S.o. Anm. 5; zum Folgenden vgl. Anm. 4.

[10] Vgl. Anm. 4.

Zwar ist Gott als Schöpfer nicht Bedingtes, sondern Bedingung, aber der Sonderfall einer nicht-verfügbaren Bedingung (Arsen dagegen kann man kaufen!), der also auf andere Weise nachgegangen werden muss.

[5] Der Vorrang der Wahrnehmungsqualität steckt einerseits in allen Erfahrungen und Erkenntnissen, andererseits aber auch in herausgehobenen Erschließungssituationen, die viele und verschiedene Wahrnehmungen bündeln – bis hin zu dem Sonderfall, dass die Erschließungssituation auf alles zu beziehen ist. Hier greift die Unterscheidung von *notwendig* vs. *hinreichend* nicht, eher die Zugangsdifferenz von *unmittelbar* und *vermittelt*. Der Sonderfall steht für das, was in der theologischen Tradition als Offenbarung ausgezeichnet wird: Überraschendes, unmittelbares Verstehen von bisher verschlossenen Denk- und Erfahrungszusammenhängen, eine Klarheit, die als Geschenk, Befreiung und Verpflichtung empfunden wird, und die von da an Gefühl, Denken und Verhalten bestimmen wird. Die Form dieser Erschließung/Wahrnehmung des Grundes von Erfahrung und Erkennen kann als *Abduktion*[11] bezeichnet werden: der hypothetische Schluss auf einen Fall; in einem Möglichkeitsraum, als vage Vermutung mit dem exklusiven Vorteil ausgestattet, Neues zu entdecken, die Chance der Kontingenz zu wahren. Dass es diesen Vorteil gibt, liegt aber nicht an der formalen Struktur der Abduktion, sondern an ihrer Verwurzelung in der realen Logik der Dinge (‚Religion realistisch'), der die Erfahrungen in Wissenschaft und Lebenswelt angehören. Die Abduktion hat eine instinktive Kraft und deshalb eine vertrauenswürdige, problemerschließende Stellung in

[11] Zu Herkunft und semiotischen Bedeutung der Abduktion en detail vgl. Linde, Gesche, Zeichen und Gewissheit. Semiotische Entfaltung eines protestantisch-theologischen Problems, Tübingen: Mohr Siebeck 2013, 1007–1025.

der Logik der Forschung. Das von Ch. S. Peirce sog. Gottesargument[12] hat hierin seine Basis. Formalisiert lässt sich das z.B. so darstellen: „The surprising fact, *C*, is observed;/But if *A* were true, *C* would be a matter of course./Hence, there is reason to suspect that *A* is true.“[13]

[6] Wie aber sind bei Anerkennung der so beschriebenen instinktiven Hypothesenbildungen die implizierten Modalitäten aufzufassen? Die klassischen „Eigenschaften“ Gottes haben den Zufall und die bloße Möglichkeit vom Gottesbegriff ferngehalten (Allmacht, Vorsehung, Allgegenwart) und gerade zur Absicherung der bloß weltlichen, geschichtlichen, natürlichen Ereigniszusammenhänge deren Rückhalt in einem Ersten, Nicht-Kontingenten *ens necessarium* gesucht. Diese Notwendigkeit steht am höchsten, die Wirklichkeit stufenweise an Bedeutung abnehmend am anderen Ende der Reihe. Mit der Ablösung dieser mittelalterlichen Ontologie durch die Neuzeit nimmt das Bewusstsein für die einzelne natürliche wie geschichtliche Wirklichkeit zu: Kontingenz, d.h. das Wirkliche ist nicht notwendig, aber auch nicht unmöglich, sondern als Mögliches unter gegebenen Bedingungen realisiert.[14] Doch auch sein Gegenteil wäre zumindest möglich. Dass alles anders sein könnte, als es ist, nimmt der Notwendigkeit ihre Erklärungsweite und konfrontiert sie mit den singulären (geschichtlichen und natürlichen) Ereignissen. Denn deren Auftreten ist immer auch kreativ, weil Alternativen und ganz Anderes denkbar werden. Notwen-

---

[12] Vgl. DEUSER, Religionsphilosophie (wie Anm. 6), § 16.3.

[13] The Essential Peirce, vol. 2, Bloomington/Indianapolis 1998, 231. – Zu den Problemen mit diesem Beispiel vgl. LINDE, Zeichen (wie Anm. 11), 1015 ff.

[14] Vgl. die Unterscheidung von „unbedingter“ und „faktischer Notwendigkeit“ bei STOCK, KONRAD, Systematische Theologie Teil I: Erfahrung und Offenbarung, Göttingen: Vandenhoeck 2017, 268 f.

digkeit liegt dann im relativen Bereich von geregelten Verfahren und logischen Schlussformen, während die Ontologie des (existentiellen) Daseins die Produktivität des Zufälligen zu ihrer Selbstbestimmung braucht.

[7] Dass aber Gott als notwendige Bedingung des Kontingenten vorgestellt werden soll, macht nur dann Sinn, wenn es um das Zusammenspiel von Notwendigkeit und Zufall geht: Kontingenz, die bewältigt sein will und im Gottesbegriff selbst zum Tragen kommen muss, z.B. im Leben und Leiden des Menschen-/Gottessohnes. Notwendigkeit bedeutet dann, nicht anders zu können als der Verständnisforderung radikaler Kontingenz nachzukommen, Singularität auszuhalten, der Wahrnehmungsqualität und Abduktion in ihrem Ursprung zu entsprechen: Das „nennen nicht nur alle Gott", sondern in der Primärwahrnehmung des Geschaffenen ist die vorrangige Kreativität des Schöpfers schon vorhanden, und nur deshalb kann in einem Gottesargument mit religiösem „Instinkt" auf dessen Herkunft geschlossen werden: den Schöpfer aller Dinge – nicht nur der Möglichkeit nach, sondern auf Veranlassung und in Wahrnehmung der wirklichen schöpferischen Ermöglichungen. Deren Vorrangigkeit und Aufforderungscharakter verlangen eine ebenso existentielle wie kosmologisch-metaphysische Reaktion, die man eigentlich nicht vermeiden kann; so wie Kierkegaard das Wesen der Angst beschreibt: Wer sagt, er habe und kenne sie nicht, beweist damit nur, dass er sie hat. Die zugehörige (neue) Metaphysik ist lebensweltlich am Dasein orientiert, die Reduktion auf den Erfahrungsbegriff der empirischen und nomologischen Naturwissenschaften geben ihren Ausschnitt der Wirklichkeit wieder, arbeiten auf ihre Weise an den Singularitäten und Gesetzmäßigkeiten der Dinge, können aber keine abschließende Notwendigkeiten für das Sein der Dinge behaupten. Narrative, orientiert an Stichworten

wie „schwarze Löcher" oder „Urknall", zeigen diese neue Situation aufs Schönste. Diese Wahrnehmung von realen Möglichkeiten der Schöpfung belegt den Umgang mit Kontingenz und Regelhaftigkeit in einem Kontinuum von ursprünglicher Ermöglichung, empirisch und methodisch gesicherter Gegenstandserfahrung und bewusster Selbstwerdung des menschlichen Geistes im universalen Kontext. Die Unmittelbarkeit der Selbsterfahrung (Schöpfung als hinreichende Bedingung) und ihre vielfach vermittelten Erfahrungen (notwendige Bedingungen) gehören zusammen.

[8] Der Erfahrungsbegriff ist unversehens dreigliedrig geworden: Schöpferischer Ursprung, kontingenter Lebensbezug, geistiges Leben – sind die drei notwendigen Hinsichten, die sich aus der (phänomenologischen) Geschichte der Natur aufdrängen und am besten als trinitarische Konstellation begriffen werden. Diese besteht vor allem darin, eine Erfahrungs- und Erkenntnisstruktur namhaft zu machen, in der Menschen sich schon befinden und die sie kategorial[15] zur Bearbeitung, Orientierung und Darstellung einsetzen können. Der schöpferische Ursprung (monadisch) stellt sich in einem Gegenüber von Weltbeziehungen (dyadisch) dar, was zugleich als (geistige, triadische) Relation zur Wirkung kommt. Das Gottesargument bewegt sich in dieser Struktur, nimmt sie auf, ohne dass, wie in der Tradition der (neuzeitlichen) Gottesbeweise, von einem Empirischen (dyadisch) auf ein Nicht-Empirisches geschlossen werden müsste. Auch der Verdacht, die bisherigen Argumente seien zirkulär, weil das Schöpferisch-Ursprüngliche, auf dem die Argumentation beruht, zugleich Prämisse und Konklusion sei, greift dann nicht, wenn eingeräumt und

[15] Zur universalen Bedeutung von PEIRCES Kategorien vgl. „Eine Vermutung über das Rätsel der Sphinx", in: PEIRCE, Religionsphilosophische Schriften, hg. v. HERMANN DEUSER, Hamburg 1995, Text Nr. II.4; und s.o. Anm. 7.

beachtet wird: Die Erschließungssituation (Offenbarung) kann gar nicht anders als sich in der gegebenen (trinitarischen) Struktur zu bewegen – und genau dies ist aufzudecken: dass das so ist und nicht anders sein kann. Das Eintreten in diesen vorhandenen und zugleich immer neuen Zusammenhang ist ein teilnehmendes, immer perspektivisches Mitgehen, das deshalb als Abduktion eine eigene Form des Schließens darstellt, keinen circulus vitiosus. Man könnte positiv gewendet von einem „kreativen Formalismus" sprechen: „Der Gottesbezug ist damit in allen Repräsentationen fest gesetzt, aber gerade als das Element, das sich keinen festen Formen fügt."[16]

[9] Die herausgehobene Dreigliedrigkeit der Erschließungssituation hat weiterhin zur Konsequenz, dass Gott in seiner Personalität – nicht als raumzeitlich gebundene Einzelperson – gedacht werden kann. Das Argument besteht darin, dass die Struktur von Ursprungs- und Gegenstandsbeziehung, die symbolisch verarbeitet werden, als geistige Relation erkannt wird. Sie wird einerseits als humane Selbstpräsenz erfahren, in temporalen Begriffen gesagt: als *Dauern* im *Jetzt*, das das Erfahrungskontinuum qualifiziert[17] und die bloße Sukzession der Zeit unterbricht – in einem *Augenblick*, der einem (raumzeitlichen) *spatium* gleicht und genau betrachtet kein Zeitbegriff, sondern das Ewige in der Zeit ist.[18] Andererseits entspricht diese Struktur ganz den Anforderungen an die Personalität: ein geistiges Selbst- und Anderes-Empfinden, und so kann Gott im übertragenen Sinn als Person angesprochen werden, wie es der christlichen Theologie von früh an durch die Trinitätslehre gelungen ist. Zwar gibt es verschiedene Ausformungen gerade dieses Traditionsstückes

---

[16] Ohly, Lukas, Kirche und Krise. Theologische Perspektiven auf Inhalt und Form, Tübingen: attempto 2020, 43.

[17] Vgl. Herms, Systematische Theologie (wie Anm. 1), 138 f.

[18] Vgl. Kierkegaard, Søren, Der Begriff Angst, Kap. III.

und noch mehr Bestreitungen oder Ignorierungen in den Religionen der Welt. Doch deren Zahl ist begrenzt und nicht beliebig, weil eine gemeinsame Fragestellung vorliegt, die in irgendeiner Form angegangen werden muss, und so oder so werden die Folgen erkennbar sein – in der Kraft der Argumente oder in ungeklärten Defiziten.

[10] Die Theologie europäischer und nordamerikanischer Prägung lebt in der Zeit nach dem „shock of modern science" – der aufgefangen werden kann, wenn, wie es Robert Neville[19] vorschlägt, eine philosophische Grundlegung, „the eternal ontological creative act", mit Metaphern und Symbolisierungen für Gott kommunikationsfähig gemacht wird. Streng genommen aber bedeutet es, dass der ontologische Grund von allem – was wissenschaftlich nicht zu bestreiten ist: dass es überhaupt etwas gibt und dazu so etwas wie den Menschen –, dass der ursprünglichen Kreativität als erster und letzter Instanz nichts Anderes auf derselben Stufe gleichkommt. Die Vorstellung der Personalität Gottes kann dann entweder ganz entfallen oder – wissenschaftlich gesehen – als uneigentliche Rede, d.h. als bloßes Zugeständnis geduldet werden. Diese Unterscheidung scheint wiederum der zwischen notwendiger und hinreichender Bedingung zu entsprechen: *notwendig*, d.h. kreative Ontologie ist das alles überragende Ursprungsdatum; *hinreichend*, d.h. der kreative Akt ist unmittelbar bedingend für die Personifizierung im Gottesbegriff. – Doch die damit unterstellte Trennschärfe der Begriffe ist voreilig und muss in die *kategoriale* Strukturbetrachtung überführt werden, die den unbedingten Ursprung, Kreativität selbst schon als dreistellige Re-

---

[19] Neville, Robert, Sola scriptura and the Dynamics of Signs, in: Sola scriptura 1517–2017. Rekonstruktionen – Kritiken – Transformationen – Performanzen, hg. von Stefan Alkier, Tübingen: Mohr Siebeck 2019, 479–490; 488 ff.

lation erkennt: Schöpfung als (ursprünglicher) Akt, als geschaffene Welt und als geistiges Selbst-Verhältnis; und weil die drei Darstellungsperspektiven unreduzierbar sind, ist das Wahrnehmungsgeheimnis[20] so präsent wie die Gegenstandswelt und die geistige Relationalität. Die Bedingungen der Personalität Gottes, des Schöpfers „aller drei Universen der Erfahrung“[21], sind also schon da – und müssen, wie gesagt, nur jeweils aufgedeckt werden. Darin besteht das Gottesargument.

---

20 S.o. Essay 1.

21 Vgl. Peirce, Schriften (wie Anm. 15), 329.

5

Gleichzeitigkeit als Realpräsenz

Kierkegaards Abendmahlsreden

I. Die Fragestellung

1. Zur Situation

Es ist ein Gebot der Redlichkeit, wenn Theologie bzw. religiöser Glaube und (natur-)wissenschaftlich geprägte Weltbilder sich kritisch auseinandersetzen, und nur dann, wenn das gelingt, kann es zu tragfähigen praktischen, lebensbestimmenden Überzeugungen kommen. Dann könnte tatsächlich eine Situation eintreten, wie sie Walter Benjamin noch 1940 *Über den Begriff der Geschichte* notiert hatte, dass für die Theologie nicht mehr gilt, dass sie „bekanntlich klein und hässlich ist und sich ohnehin nicht darf blicken lassen."[1] Das war im Kontext von materialistischer Geschichtsphilosophie im Blick auf Leiden, Glück und Erlösung gesagt, berührt aber in erweiterter Perspektive die Rolle der modernen Weltanschauungen im Bezug zur Theologie überhaupt. Die theologischen Motive, hier: die Hoffnung auf das Kommen des Messias und die eschatologische „Jetztzeit", sind unabweisbar; doch welche Transformationen ihrer Aneignung sind notwendig, dass der immer drohende Verdacht des Anachronismus vermieden wird, vergangene religiöse Gehalte einfach ‚modernisieren' zu müssen. Red-

[1] BENJAMIN, WALTER, Über den Begriff der Geschichte, in: DERS., Gesammelte Schriften I.2, Werkausg. Bd. 2, Frankfurt am Main: Suhrkamp 1980, 691–704.

lichkeit würde bedeuten, dass zwei konkurrierende oder sich gegenseitig ignorierende Welten nicht unvermittelt nebeneinander stehen bleiben, sondern dass die eine in der anderen Welt zu Recht und mit guten Gründen verstanden werden kann. Das setzt allerdings unvermeidlich und auf anderer Ebene eine Einheitsperspektive voraus bzw. nutzt sie stillschweigend. Am Beispiel des Abendmahlverständnisses und der erforderlichen Transformationen seiner Aneignung angesichts der – vor allem historischen – Kritik (Exegese) und der fortschreitenden Säkularisierung (Religionskritik) soll gezeigt werden, welche Übertragungsprozesse zu beobachten sind und verantwortet werden müssen; und das am Beispiel Kierkegaards, dessen Abendmahlslehre mit radikaler Konsequenz an den Schnittpunkten der modernen Gesellschaftserfahrungen und ihrer politischen und kirchlichen Krisen die Bedingungen redlicher Transformationen zu entwerfen sucht.

2. Wissenschaftliche Redlichkeit der Theologie: Existentiale Interpretation

Was nottut ist der Aufweis der Berechtigung beider Seiten. Exemplarisch im 20. Jh. ist das an Rudolf Bultmanns *Theologie des Neuen Testaments* zu studieren[2]: Die notwendig ihre Gegenstände und Methoden „verobjektivierende" Wissenschaftseinstellung, für Bultmanns eigene Arbeiten in Gestalt der historischen Methode aktuell und verbindlich, kommt ohne Vorbehalte (etwa ‚dogmatischer' oder einfach religiöser Art) zur Anwendung, und biblische Geschichten,

---

[2] Vgl. Deuser, hermann, Elektrisches Licht und/oder die Geister- und Wunderwelt des Neuen Testaments. Rudolf Bultmanns Redlichkeitsforderung als Kritik der Weltbilder, in: Gerald Hartung/Magnus Schlette (Hg.), Religiosität und intellektuelle Redlichkeit, Tübingen: Mohr Siebeck 2012, 161–174.

Personen und Sachen werden nach bestem, d.h. kritischem Wissen vom vorhandenen Text aus ‚interpretiert'. Dabei beruht die Methode in allen ihren Sparten auf der Differenz von vorliegender Darstellung und der im Hintergrund und Kontext aufgerufenen Realkontrolle: Wann hat Paulus wirklich gelebt, welche Briefe hat er tatsächlich geschrieben, wie ist das Damaskuserlebnis religionsgeschichtlich verständlich zu machen etc. – Die andere Seite, der wirkliche religiöse Glaube, liest dieselben Texte offenbar anders. Im konkreten Fall wird, bewusst oder nicht, die Interpretation immer durch die eigene Lebenssituation und Vor-Einstellungen geprägt sein, eine nicht-gegenständliche Verstehensbedingung, die die Aneignung jedes Geschehens mitbestimmt. Die andere Seite der Wissenschaft macht also nicht auf derselben Ebene gegensätzliche Sachbehauptungen. Dann wäre z.B. die Auferstehung, wie in den Evangelien berichtet, für die eine Seite Teil eines apokalyptischen Mythos, und dem setzte die andere Seite entgegen, es handele sich zumindest um ein Ereignis mit „historischem Rand", wenn nicht doch einfach um eine (‚historische') Tatsache. Entscheidend ist, dass geisteswissenschaftlich gesehen umfassender gedacht werden muss: Zu beachten ist die Art der Zugänglichkeit der Phänomene, die lebensweltliche Einbindung, kurz: die existentielle Bedeutung von Texten, und sie zieht so einen weiteren Kreis um die fraglichen, zumal die wissenschaftlichen Weltauffassungen. So sind Sprache und Geschichtserzählung, literarische, dogmatische und rituelle Darstellungsformen in ihrer Bedeutung und Intention in gegenwärtiger Selbstverständigung aufzunehmen. Der historische Befund steckt nur einen Teilaspekt ab bzw. es wird mit der Differenz von tieferliegenden Intentionen, an die es anzuknüpfen gilt, und weltanschaulich (historisch) gebundenen und als solche unwesentlichen und zu isolierende Denkformen gearbeitet. Diese hermeneutische Konstellation hat Bultmann als *existentiale*

Interpretation zum Programm erhoben, zu dem im Umgang mit den Textwelten deren kritische Sichtung gehört: *Entmythologisierung*. Ihre *Redlichkeit* besteht darin, mit dem Mythosbegriff eine vorwissenschaftliche Weltsicht wissenschaftlich (historisch) zu porträtieren (antike Kosmologie etc.), auf die die heutige Auslegung nicht mehr angewiesen ist, d.h. die eigentliche Textintention liegt in der Auslegung der menschlichen Existenz und ihrem Gottesverhältnis.

Bultmann hat, aufgrund seiner methodischen Klarheit, der wissenschaftlichen Exegese – im Blick auf tradierte Texte – nicht nur die Autonomie der Forschung zugerechnet, sondern mit dem gleichzeitig entwickelten Auslegungshorizont der existentialen Interpretation – für die Zukunft – eine Öffnung der theologischen Dogmatik auf die Lebenswelt und deren Einbindung in eine Pluralität von Interpretationen ermöglicht. Die Theologie entdeckt sich trotz und wegen des Einschnittes durch die historisch kritische Forschung in der neuen Lage, dieser Kritik durch das gleichzeitige Annehmen von einerseits (wissensmethodischen) Verobjektivierungen und andererseits von (existenzanalytischen) Subjektivierungen gerecht zu werden, und das geschieht im „Geist der Urteilsfähigkeit und Leidenschaft" (Martin Luther).[3]

---

[3] LUTHER, MARTIN, Assertio omnium articulorum (1520; WA 7, 94), zit. nach STEFAN ALKIER, *Sola scriptura* als epistemologisches, hermeneutisches, methodologisches und theologisches Konzept der Schriftauslegung, in: DERS. (Hg.), Sola Scriptura 1517–2017. Rekonstruktionen – Kritiken – Transformationen – Performanzen, Tübingen: Mohr Siebeck 2019, 429–477, 470. Vgl. ALKIERS Thesenreihe im Ganzen als die methodische Freisetzung der exegetisch-theologischen Methoden *nach* BULTMANN.

3. Gleichzeitigkeit und die 1800 Jahre Christenheit

Die *existentiale Interpretation* konnte sich auf Kierkegaard berufen, der musterbildend und mit weitreichenden Konsequenzen zwischen Verobjektivierung durch wissenschaftlichen Zugriff und der Aufgabenstellung der Subjektivierung programmatisch und streng unterschieden hatte: Erstere liefert immer nur *Approximationen* zu den Phänomenen, Letztere führt in die mit Leidenschaft erlebten, existentiellen Konfliktfelder, die Dialektik der Existenz oder das Wissens-Paradox des Glaubens (vgl. *Unwissenschaftliche Nachschrift* [1846]). Kierkegaards Thema ist aber grundsätzlicher gefasst, betrifft nicht nur die hermeneutische Situation der Begegnung und Entscheidung, der Sünde und des Gottesverhältnisses im existentiellen Augenblick, der durch Textauslegung vermittelt wird, sondern er arbeitet an der (Neu-)Bestimmung der Begriffe von Zeit, Geschichte, Freiheit, Wahl etc. im Sinne einer neuen Metaphysik der Existenz. Dabei wird zugleich immer eine Bestimmung des Christlichen gesucht, die dessen Ursprungssituation entsprechen könnte, also dem heute (für Kierkegaard 1800 Jahre später) zunächst nur historisch zugänglichen Verhältnis zu etwas Vergangenem. Um diese Relation klären zu können, müssen die Grundbegriffe von Temporalität und Modalität so aufeinander bezogen werden, wie die existentielle, die leidenschaftliche Selbsterfahrung es verlangt (vgl. das *Zwischenspiel* in den *Philosophischen Brocken* [1844]). Entscheidend sind dabei die Ausgrenzung der *Notwendigkeit* von den geschichtlichen Realitäten und damit die Entdeckung des *Werdens.* Zwischen Möglichkeit und Wirklichkeit besteht der Zusammenhang dessen, was möglich war und wirklich wurde, hier geht es also um Sein oder Nicht-Sein, während das Notwendige immer *ist.* Die Wirklichkeit des je eigenen Lebens ist zwar an bestimmte Bedingungen gebunden, die aber nicht deterministisch zu verstehen sind, denn Vergangenheit und Zukunft sind – jedenfalls für den Menschen – nicht festgelegt. Im Gegenteil, das (existentielle) Verhältnis zeigt sich in der Freiheit, und erst dann werden Vergangenheit und Zukunft, so wie im Verhältnis der Reue und der Hoffnung, als in gewissem Sinn offen erlebt und über das Verhältnis zu beidem muss entschieden werden. Anders ausgedrückt, *Kontingenz*[4], das Werden ist die Modalität des menschlichen Existierens, und sie entscheidet sich in der Überschneidung der Relation von Vergangenheit und Zukunft: im *Augenblick* (vgl. *Der Begriff Angst* [1844], Kap. III). Angewandt auf das Verhältnis zur Geschichte ist damit gezeigt, dass nicht die (wissenschaftliche) Distanz entscheidend ist, sondern die existentielle Vertiefung einer problematischen Relation des Werdens. Sie geschieht im Modus der *Gleichzeitigkeit*, d.h. im Organ für die Möglichkeit und Gewissheit/Ungewissheit: des *Glaubens*.

Das alles gilt für das Verhältnis zur Geschichte allgemein, im Christentum aber, das ist Kierkegaards Pointe, kommt es durch die Anforderung, „Gott in der Zeit“ zu denken, sozusagen zu einer doppelten Dialektik: einer Gleichzeitigkeit, die ein Paradox des Denkens mit sich führt, das in der Leidenschaft des existentiellen Verhältnisses zugleich gerade eine neue Steigerung durch Abstoßung erfährt: „Ist es nicht fürchterlich gewesen, dass dieser Mensch, der unter den anderen einherging, dass er Gott war, ist es nicht fürchterlich gewesen, mit ihm bei Tische zu sitzen?“[5] Dagegen helfen zwar auf den ersten Blick die 1800 Jahre historischer Distanz, genau genommen aber darf die Leidenschaft als ge-

---

[4] Vgl. zur Begriffsgeschichte DEUSER, HERMANN, Kontingenz II, TRE 19, 1990, 551–559, 553.

[5] SØREN KIERKEGAARDS Skrifter [SKS] 4, 158; Furcht und Zittern [FZ], 72. – Zu den Abkürzungen der Titel von KIERKEGAARDS Schriften s.u. Anm. 17.

nuiner Eindruck in der Gleichzeitigkeit des Glaubens nicht überspielt werden, soll es sich um christlichen Glauben handeln.

4. Gleichzeitigkeit und Augenblick

Wird trotz der historischen Distanz die Geschichtlichkeit gerade des Glaubens ernst genommen, so hat er die Struktur der Kontingenz, in Kierkegaards Terminologie: „diese Unsicherheit des Werdens (die Nichtigkeit des Nicht-Seienden – das mögliche Wie-sein des wirklichen So-seins)" (SKS 4, 284; PhB, 82). Diese Struktur ist nun nicht nur für die Lösung des geschichtlichen Verhältnisses ausschlaggebend, sondern auch für die anthropologische Frage nach dem, was nun eigentlich in der Gleichzeitigkeit geschieht, was existentiell bedeutsam zu sein bedeutet, wie genau der einzelne Mensch involviert ist. Die Forderung der Gleichzeitigkeit des geschichtlichen Verhältnisses greift so zurück auf den leidenschaftlich erlebten Augenblick (*Philosophische Brocken*, 2. Kap.): das Sündenbewusstsein, d.h. (noch) nicht in der Wahrheit zu sein, solange die Krisensituation der Kontingenzerfahrung in Kraft ist. Damit gehört zu Gleichzeitigkeit und Augenblick der soteriologische Blick unabdingbar hinzu, und Kierkegaards Hauptschriften lassen das auch ohne Zweifel immer erkennen. Was dort aber nicht eigentlich im Zentrum steht, ist eben die Beantwortung der Frage nach dem konkreten Übergehen in die neue Situation des Glaubens. Was geschieht mit dem einzelnen Menschen im Augenblick der Gleichzeitigkeit? Die Zeitdifferenzen in Betrachtung des Geschichtlichen sind aufgehoben und die Überwindung des historischen Paradox (des Gottes in der Zeit) kann mit den Augen des Glaubens – im Augenblick, d.h. in der „Autopsie des Glaubens" (PhB, 99) – zusammengehalten werden. Das ist keine Unmittelbarkeit mehr wie im allgemeinen Fall von Gefühl, Wahrnehmung etc., sondern die über einen Widerspruch bezogene Möglichkeit besseren Verstehens, das keiner sich selbst geben oder garantieren kann (PhB, 82). Wie geschieht das, was der existentielle Glaube in seiner Autopsie festhält? – Die Antwort darauf geben die Abendmahlsreden, die thematisch machen, was zuvor schon der Horizont alles Anderen war.

5. Gleichzeitigkeit im Ritual

Sowohl die Textüberlieferung wie die dogmatische Weiterbildung des Abendmahls/der Eucharistie ist historisch gesehen pluriform, darüber besteht in der Forschungsdiskussion Einigkeit – und damit eine deutliche Annäherung der traditionell konfessionsdifferenten Konsequenzen für die Gestaltung der Liturgie und die Aufgaben der Sakramentstheologie (bis auf die Frage des Weihesakraments als faktischer [römischer] Bedingung des vorschriftsmäßigen Vollzugs des [katholischen] Gottesdienstes).[6] Im Ritual kommen die Kernelemente des Christentums wie in einem Brennglas zusammen[7]: Wie lässt sich *Inkarnation* wirklich denken und darstellen: als *Zwei Naturen* in Christus, als Werk des *Logos*, d.h. der zweiten Person der Trinität, als ebenso elementare wie zeichenhaft-darstellende Handlung im *Abendmahl*? In allen Fällen geht es um das *Wie* des Zusammenkommens oder Übergehens von Göttlichem in Menschliches – und zur Charakterisierung des Problems hat die Tradition

[6] Eine sehr gute Übersicht zu allen Facetten dieser Diskussionslage geben Leppin, Volker/Sattler, Dorothea (Hg.), Gemeinsam am Tisch des Herrn. Ein Votum des ökumenischen Arbeitskreises evangelischer und katholischer Theologen, Freiburg im Breisgau: Herder 2020.

[7] Erste Linien zum Ritual als philosophischer Kern finden sich bei Habermas und Joas), s.o. Essay 3.

(affirmativ und/oder kritisch) von einem, *dem Geheimnis* gesprochen, in schöner Formulierung heißt es z.B. bei K. Rahner: Wenn Gott Mensch wird, bedeutet dies, den Menschen „in sein höchstes und finsterstes Geheimnis" hineinzustoßen [...], in „das unbegreifliche Geheimnis [...]. Denn er wird ja so gerade derjenige, der an dem unendlichen Geheimnis Gottes partizipiert".[8] Das bedeutet nun sicher nicht, dass in diesem Punkt keine vernünftige Argumentation mehr möglich[9] und die Frage nach dem *Wie* der Inkarnation dem Bereich des Irrationalen zuzurechnen wäre – und damit auch die Präsenz des Christus im Abendmahl unklar bleiben müsste. Dagegen stehen die zahlreichen Motive, Verständnis- und Gestaltungsformen, die erkennbar bis heute das Ritual zusammenhalten. Darunter sind ohne Zweifel: die *Repräsentatio*, die *Vergegenwärtigung* und der *Realismus* einer „relationalen Ontologie".[10] Eine Repräsentation liegt immer dann vor (hier nur auf die erkenntnistheoretische Funktion

---

[8] Rahner, Karl, Grundkurs des Glaubens. Einführung in den Begriff des Christentums, Freiburg: Herder ^{12}2008, 216. Die angeführte Passage steht im Kontext des christologischen Abschnitts mit der Überschrift: „Der Mensch als die Chiffre Gottes".

[9] Diesen Vorwurf macht Christian Geyer dem ökumenischen „Votum" (s. Anm. 6) bzw. der diesem vorausgehenden „Stellungnahme des ÖAK evangelischer und katholischer Theologen" zu den „Lehrmäßigen Anmerkungen zum Dokument ‚Gemeinsam am Tisch des Herrn'", 2019. Vgl. Geyer, Glaube, wer es geprüft!, in: F.A.Z., 27.1.2021, N 3. – Die umsichtige und differenzierte Argumentation und der ganz unpolemische Stil des „Votums" bestätigen diese Kritik gerade nicht, sondern in großer Nüchternheit wird klar, dass eigentlich keine gravierenden oder haltbaren Gründe gegen gemeinsame Feiern mehr vorliegen (außer der Amtsfrage bzw. dem Weihepriestertum, was offenbar auf anderer Ebene diskutiert werden muss, in deren Interesse C. Geyers Vorwurf einer schlechten Mystik des Geheimnisse wohl zu verstehen ist).

[10] Vgl. die Hinweise in Leppin/Sattler (wie Anm. 6), 46, 55, 61 u.ö.

seit dem 19. Jh. konzentriert[11]), wenn ein Zeichen für etwas steht, das auf diese Weise eine bestimmte Interpretation hervorruft. Die Elemente im Abendmahl sind als solche Zeichen (Brot und Wein) zu verstehen, die Tod und Leben des Christus (gebrochener Leib und vergossenes Blut) repräsentieren – und zwar so, dass die Interpretation des Zeichens dieses mit seinem Gegenstand zusammenbindet, und nur so erschließt sich Realität.[12] Der Augenblick des (Wieder-)Erkennens hat aber auch eine Dimension des *Vorher/Nachher*: In der *Vergegenwärtigung* sind zeitliche Distanzen mitgedacht, Vergangenes wird erinnert, Zukünftiges erwartet. Insofern liegt in der Erinnerung, wird sie bewusst, eine *Unterbrechung*[13], ein qualitatives Moment; in anderer (handlungs-phänomenologischer) Sprache: „die Unbedingtheits"- wird „zur Objektivitätsanmutung"[14]; herausragend trotz und wegen aller anderen Ereignisse – und in dieser Funktion muss Kierkegaards (religiöse) Rede nach Form und Inhalt verstanden werden:

---

[11] Vgl. den umfassenden Art. Repräsentation (HWP 8, 1992, 790–853), 826–834.

[12] Vgl. Peirce: Eine Repräsentation bedeutet: „To stand for, that is, to be in such a relation to another that for certain purposes it is treated by some mind as if it were that other" (HWP 8, 829); vgl. zur Entfaltung der Zeichentheorie: Sundry logical conceptions (1903), in: The Essential Peirce, ed. by The Peirce Edition Project, Bloomington and Indianapolis ²1998, 267–288.

[13] Vgl. Deutsche Søren Kierkegaard Edition [DSKE, s.u. Anm. 17] 4, 235 (NB 2:168). – Vgl. Cappelørn, Niels Jørgen, Die ursprüngliche Unterbrechung. Søren Kierkegaard beim Abendmahl im Freitagsgottesdienst der Kopenhagener Frauenkirche, in: KSYB 1996, 315–388, 373. – Vgl. Jüngel, Eberhard, Gott als Geheimnis der Welt. Zur Begründung der Theologie des Gekreuzigten im Streit zwischen Theismus und Atheismus, ²1977, 221: „Das Wesen des ansprechenden Wortes ist *Annäherung durch Unterbrechung*."

[14] Schlette, Magnus, Die Idee der Selbstverwirklichung. Zur Grammatik des modernen Individualismus, Frankfurt am Main: Campus 2013, 377 (zur Charakterisierung des Heiligen).

der Christus, der erinnert wird, muss *gleichzeitig* werden und das in seinem Bild, das die Rede entstehen lässt. Dass das alles zusammenkommt, dafür steht das Ritual selbst: als Text, Rede und Handlung in erinnernder und wiederholter Liturgie. Das dabei durch die Repräsentationsfunktion mitlaufende Realitätsgefühl erfordert eine erneute Besinnung auf die wirksame Struktur der Zeichenwelt des Abendmahls: *Realpräsenz* bzw. *relationale Ontologie*. Mit den Mitteln der antik-mittelalterlichen Philosophie, namentlich auf der Basis des aristotelischen *Substanz-Akzidenz-Modells*, lies sich in Bezug auf das „Geheimnis" der Gegenwart Christi in den Elementen keine Klarheit finden; und die Ablehnung der Transsubstantiationslehre führt in der Reformationszeit aus Gründen des nach wie vor unklaren Zeichenbegriffs zu keinem befriedigenden Ergebnis. Ein *Symbolismus* stand gegen einen *Realismus*[15], doch wie waren beide zu denken? Waren die Elemente ‚nur' Symbole, d.h. hier: bloße Zeichen? Wie sollte die realistische Forderung einer wirklichen Wandlung der sichtbaren Elemente aufgefasst werden?

II. Gleichzeitigkeit als Realpräsenz

6. *Säkularisierung*

Die Substanzmetaphysik kann nicht erklären, wie irgendetwas, das erfahrbar sein soll, sich realiter so verwandelt, dass man es gleichwohl äußerlich nicht sehen kann. Relationale Ontologie bestimmt dagegen darstellungsfähige Ereignisse in ihrer jeweiligen Struktur – der Relationalität – von Wahrnehmung, Sachbezug und der Interpretation beider zugunsten einer überprüfbaren Erfahrung und Erfah-

---

[15] Vgl. die kurze Übersicht in: LEPPIN/SATTLER (wie Anm. 6), 54.

rungsintensität. Die Zeichen im Abendmahl, d.h. die Elemente, die Erinnerung, die akute Gemeinschaft, machen zusammen – aufgrund ihrer Relation – die wirkliche Erfahrung aus; und das wiederum auf verschiedenen Ebenen inneren wie äußeren Erlebens, dessen Überzeugungskraft konstitutiv für seine Wirkung ist. Das alles scheint zu viel für einen Augenblick zu sein, der zudem seine geschichtliche (christologische) Dimension eben in der Gleichzeitigkeit mit der biblischen Überlieferung hat. Leichter aber ist unter den Bedingungen wachsender Säkularisierung[16] die kritische Rückfrage nach einer tragfähigen Vorstellung der sakramentalen Realität nicht zu haben. Kierkegaard, das zeigen die Abendmahlsreden, stellt sich dieser Anforderung, und er spürt und entdeckt sie aufgrund des Zusammenstoßes von bürgerlicher Gesellschaft des 19. Jh. und dem idealen Christentum des Neuen Testaments.

7. Die Texte

Kierkegaard hat zwischen 1847 und 1851 in unterschiedlichen Zusammenhängen 13 Abendmahlspredigten geschrieben bzw. veröffentlicht. Die Journale dokumentieren darüber hinaus zahlreiche Entwürfe und Ideen für weitere Reden. Von den später gedruckten hat Kierkegaard 3 im Gottesdienst selbst als Abendmahls*predigten* gehalten, aber bei der Publikation betont von *Reden* gesprochen.[17] Der Grund dafür

---

[16] S.o. Abschnitt I.1.

[17] In chronologischer Reihenfolge: 1.) Predigt am 18.6.47, in: CR, 4. Teil, II. Rede; 2.) Predigt am 27.8.47, in: CR, 4. Teil, III. Rede; 3.) Predigt am 1.9.48, in: EC, Nr. III, I. Rede („Erörterungen"); 4.–8.) 1848, CR, 4. Teil, Reden Nr. I, IV–VII; 9.–11.) 1849, HZS, Drei Reden; 12.–13.) 1851, RAF, Zwei Reden. – Die Abkürzungen der einzelnen Schriften richten sich nach den Festlegungen in DSKE (Deutsche Søren Kierkegaard Edition, Berlin, 2005 ff.), hier: *Christliche Reden 1848*

ist der bewusst für sich selbst festgestellte Mangel an (apostolischer) Autorität des Predigtamtes, der Ordination, die damit zugleich exklusiven Charakter gewinnt, der dazu zwingt, einen produktiven Unterschied zu machen. Das gelingt mit der Entdeckung eines eigenen literarischen Genres: der erbaulichen oder religiösen Rede, die jetzt als Abendmahlsrede noch entschiedener die genannte Autoritätsdifferenz zuspitzt – mit der Konsequenz, dass die demonstrativ der Rede abgesprochene Autorität nun für das Gesamtwerk des Schriftstellers/Dichters Kierkegaard – auf andere, charakteristische Weise – in Anspruch genommen wird. Am stärksten und programmatisch kommt das im Vorwort zu den *Zwei Reden* 1851 zum Ausdruck. Das Gesamtwerk seit *Entweder – Oder* wird von einem „Dichter und Denker" vor den Altar gebracht, „ohne Vollmacht", aber im Bewusstsein der Leistung, die „humanen Existenzverhältnisse", wie es im Zitat aus der *Unwissenschaftlichen Nachschrift* heißt, als Schriftsteller wieder neu zutage gebracht zu haben. Die Texte der Abendmahlsreden stehen in dieser bescheidenen und zugleich herausragenden Funktion für das Gesamtwerk.

8. Biographisches und Autobiographisches

Die Abendmahlsreden fallen in die Epoche der europäischen Unruhen, die Krisenzeit um das Jahr 1848, für Kierkegaard zugleich der immer näher rückende Entscheidungszwang, aufgrund seiner unsicheren Finanzlage das freie Schrift-

(CR); *Einübung im Christentum* (1850) (EC); *Der Hohepriester – der Zöllner – die Sünderin* (1849) (HZS); *Zwei Reden* (1851) (RAF). – Vgl. zur Struktur und Übersicht des Gesamtwerkes das Schema, in: Cappelørn, Niels Jørgen, *Entweder – Oder* in der religiösen Strategie von Kierkegaards Gesamtwerk, in: H. Deuser/M. Kleinert (Hg.), Sokratische Ortlosigkeit: Kierkegaards Idee des religiösen Schriftstellers, Freiburg: Alber 2019, 81.

stellerdasein beenden zu müssen. Theologisch und gesellschaftspolitisch gesehen geht es um die existentielle Realisierung der Forderung nach *Gleichzeitigkeit*: nicht nur literarisch Christentum darzustellen, das war der Kompromiss der pseudonymen Schriften bis 1846, sondern die unauflöslichen Verwicklungen der eigenen Schriftstellerexistenz in die gegebenen Konflikte ernst zu nehmen, d.h. das eigene Leben in aller Konsequenz für das als wahr erkannte einzusetzen. Gleichzeitigkeit mit Christus zu leben bedeutet jetzt, das Konzept des *Einzelnen* in seiner dialektischen Opferrolle in einer verständnislosen Öffentlichkeit leben zu müssen. Der revolutionäre Gedanke der Gleichheit aller Menschen gilt für Kierkegaard streng genommen nur in der Gottesrelation, weshalb alle gesellschaftlichen Veränderungen den Charakter des Vorläufigen nicht abstreifen können oder sollten. So ist das *Vorwort* 1851 einer der letzten Versuche, zu einer Übereinkunft mit seiner Zeit zu kommen, mit dem „Volk [...], dessen Sprache zu schreiben ich die Ehre habe“ (RAF, 20), während doch dasselbe Volk, wie die Reden zeigen, Vergebung, Versöhnung, Gleichzeitigkeit zu leben, vergessen zu haben scheint. Bereits in der Einleitung zum *Begriff Angst* (1844) hatte Kierkegaard die Unzuständigkeit der Wissenschaften, zumal der Logik, Metaphysik und Dogmatik, für das Thema und den Gegenstand der Sünde hervorgehoben. Sie ist vielmehr der Gegenstand der Predigt und der Gestimmtheit, „wo der Einzelne als der Einzelne zum Einzelnen spricht.“[18]

---

[18] BA, 13: „das Geheimnis der Unterredung. Dem Begriff der Sünde entspricht der Ernst.“

9. Redengestalt: gefährliche Gestimmtheit

Die Intensität der Rede immer wieder zu steigern ist Aufgabe ihrer literarischen Mittel, der Kommunikation mit Leserinnen und Lesern, wozu auch schon die überraschend fordernde Anrede und geforderte Erzählhaltung gehören: „O, vergiss den Redner, der hier gesprochen, vergiss seine Kunst, wenn anders er Kunst gezeigt hat, vergiss seine Fehler, deren vielleicht viele gewesen sind, vergiss die Rede über sie – aber vergiss nicht sie selbst" (HZS, 162 [Die Sünderin]). Dazu wird die Bibelstelle in Lk 7, 47: „denn sie hat viel geliebt" in einer Anaphernreihe so eingesetzt, dass der besondere Charakter dieser Liebe immer zwingender erscheint: Während in der biblischen Szene die Sünderin schweigt und handelt, wird sie gerade dadurch in der Rede zu einem „Gleichnis", einem „ewigen Bild" (HZS, 160), das die Gottesliebe im radikal ungleichen, aber umfassenden Verhältnis zum Sündersein sehen lässt: „Viele Sünden" und „viel geliebt" sind kein Gleich um Gleich, sondern die offen bekannte Sünde (im Haus des Pharisäers) bringt den Selbstverlust und Selbstgewinn gegenüber dem Heiligen in eine neue Lage. Dafür steht die Dramatik der Situation, „die zum Altare hinführt" (HZS, 161), also für Sinn und Bedeutung des Abendmahls steht. Was daran eigenwillig erscheint, ist der Ausbau der negativen Hintergrundfolie des Leidens, dessen Gewalt im „sich selber hassen" seinen „stärksten Ausdruck" findet (HZS, 156). Die Größe der Liebe bemisst sich geradezu am Bekennen dieser Situation, es ist, wie Kierkegaard im Journal von 1850 schreibt: „Gott selbst ist ja dieses: *welcherart* man sich mit ihm einlässt. [...] Wer sich mit Gott nicht auf die Art und Weise der unbedingten Hingebung einlässt, der lässt sich überhaupt nicht mit Gott ein" (NB 17:70; T 4, 156). Dieses Sich-einlassen bringt die ganze Macht des Negativen im Leben zum Bewusstsein, und die letzte Gefährdung ist die, diese Situation nicht zugestehen zu wollen. Das *ewige Bild der Liebe* enthält jedenfalls Möglichkeit und Wirklichkeit gefährlicher Erinnerungen, die in der Gestimmtheit des Abendmahls präsent werden.

Die geeignete Gestimmtheit stammt aus der inneren Leidenserfahrung, in der sich die Sehnsucht, das innere Verlangen (dän.: længsel) meldet und deren Geschenkcharakter als Rettung entdeckt: inneres „Gezogenwerden der Seele", „heilige Stimmung", weil „Gott ist in dem Leid (dän.: sorg), das nach ihm verlangt."[19] Das Leiden kann also nur so von der Liebe umfangen werden, dass sie an ihrem Gottesbild noch einmal zu scheitern droht. Das „Verlangen" trifft immer mehr auf ein Gottesverhältnis der „Vollkommenheit" und damit des „Gerichts", und dann gilt: „der Richterspruch der Liebe ist der strengste Richterspruch" (RAF, 23 [Zwei Reden 1851]), weil Gottes Liebe an keine Verhältnismäßigkeit gebunden ist. Bis zum Liebesopfer Christi, das die Menschen als Liebe nicht verstehen können, sich zu früh entschuldigen und nicht sehen, dass auf dieser Ebene die Liebe in ihrem Vergeben auch Handlungen fordert, Lebensformen, die erst aufgrund der gelingenden, inneren Relation von Gericht und Freispruch als gerecht angenommen werden können. Solange dieser Ausgleich des radikal Verschiedenen nicht Platz greift, ist das „Erbauliche" zunächst und immer das „Erschreckende" (RAF, 29).

Das ist nicht als religiöse Misanthropie auszulegen, Kierkegaard meint nicht „Hass" überhaupt, sondern den je einzelnen Menschen im Bewusstsein seines Sünderseins im Gegenüber zur Gottesliebe.[20] Genau dieses Zugleich, dieser Übergang findet statt im Abendmahl: „zwischen dem Beichtstuhl und dem Altar!" (HZS, 162). Es geschieht, was

---

[19] Aus der 1. Abendmahlsrede (CR, 271, 279; SKS 10, 267, 273).

[20] Vgl. Cappelørn, Niels Jørgen, Forligelsen. Om teologien i Kierkegaards altergangstaler, Kopenhagen: Eksistensen 2021, 444.

Luther den „fröhlichen Wechsel" nennt, eine fundamentale subjektive wie objektive Einstellungsänderung im (relationalen) Selbst eines Menschen. Vorausgesetzt wird allerdings eine Kraft, die den Brückenschlag und die Dominanz der Liebe hervorbringt, und das ist die in Tod und Leben ansichtige Versöhnung, anders gesagt: die Christusliebe.[21]

10. Dialektik des Leidens

Die einzelnen Reden bemühen sich immer wieder neu um die eindringliche Beschreibung der Lebenssituation des Lesers. Sündersein bedeutet unter der radikalen Kontingenz in Natur und Geschichte, leiden zu müssen – und sich dessen auch bewusst zu sein: „wie ungewiss alles ist, dass ein Mensch durch die Geburt hinausgeschleudert ist auf die Erde, und von diesem Augenblick an auf einer Tiefe von tausend Faden schwebt, und die Zukunft jeden Augenblick, ja, jeden Augenblick vor ihm liegt als die schwärzeste Nacht" (CR, 274).[22] Aus dieser Situation *Erlösung* zu suchen, trifft im Tod Jesu auf ein gesteigertes Leiden, gerade weil er die überwindende Liebe zum Ausdruck bringt, und das gewinnt seine intensivste Gestalt, wenn die dogmengeschichtliche Verobjektivierung verlassen oder relativiert wird zugunsten der Gleichzeitigkeit mit der „Verhöhnung" des Unschuldigen durch die „Menge": „Gesetzt, ich hätte gleichzeitig gelebt [...]" (CR, 278)! Die Dramatik dieser mehrfach gereihten

[21] Z.B. RAF, 37 [zweite der Reden 1851]. Das Dänische hat zwei Begriffe für „Versöhnung": forsoning und forligelse, deren Anwendung nicht streng zu unterscheiden ist. Letztere hat etwas vom dt. (juristischen) Sinn des „Vergleichs", Erstere vom dogmatischen Sinn des Versöhnungsopfers, vgl. CR, 302. – Vgl. zum Ganzen bei Cappelørn, Forligelsen (wie Anm. 20), 137, 158, 185.

[22] Vgl. CR, 274–281; vgl. Cappelørn, Forligelsen (wie Anm. 20), 92.

Formel entsteht zudem dadurch, dass der Erniedrigte (Christus) ein Verschulden nicht nur des Einzelnen impliziert, sondern „das Menschengeschlecht" hat ihn „gekreuzigt". Sich dazu verhalten zu müssen, führt in die Situation von Angst und Verzweiflung, womit Kierkegaard in seinen psychologischen Hauptwerken den Zugang zum Sündenbegriff eröffnet hatte. Hier in der Rede nur soviel: „ich will nicht mit dieser Angst vor mir selbst mich in mir verschließen, ohne mich ihm anzuvertrauen" (CR, 300). Christus steht also für wiedergewonnenes Vertrauen, das über die existentielle Erfahrung selbstquälenden Leidens und das Überholen dieser Erfahrung durch stellvertretendes Leiden angeeignet wird – das darf als *Dialektik des Leidens* bzw. der *Existenz* bezeichnet werden, und sie kommt am Altar zustande: wo „er sich selbst dir zur Zuflucht schenkt" (RAF, 37). Das dies eine ‚leibhafte' Erfahrung ist, bei der es um Leben und Tod geht, zeigen als „Unterpfand" Leib und Blut: Zeichen, die die Geschichte ihres Objekts erzählen, während diese Relation sich im Verstehen dieses Zusammenhangs erschließt. Kierkegaards Interpretation des Unterpfandes geht aber noch weiter (RAF, 38). Im Unterschied zu einem ‚menschlichen' Pfand, das das, woran es erinnert, prinzipiell von sich unterscheiden muss, wird im Abendmahl Christus *selbst* „empfangen" (RAF, 38). Wie ist das vorzustellen, oder: welche ‚Dogmatik' liegt dem zugrunde?

11. Dialektik der Inkarnation

Die Inklusion des Sünders in Christus, durch die der Einzelne sich „herauslebt" aus sich und sich „hineinlebt in ihn" (RAF, 39), erscheint theologiegeschichtlich als *lutherisch* und philosophisch als *realistisch*.[23] Das Abendmahl

---

[23] S.o. Anm. 15.

– so existentiell, herausragend und souverän gegenüber aller Lehrhaftigkeit es auch vorgetragen wird – ist doch zugleich gebunden an Grenzvorstellungen der Körperlichkeit und der Versöhnung im Ritual, als *Geheimnis*[24], worin Göttliches und Menschliches zusammenkommen in der übertragenen Vorstellung einer „communio sanctorum" oder einem „geystlichen corper"[25] (Luther), kurz: der Lebendigkeit der *Inkarnation* als Gemeinschaft oder Lebensform. Dieser *realistische* Sinn bestimmt das „Empfangen" der Zeichen im Abendmahl, die eigentlich gar nicht mehr als solche („Unterpfand") von Gewicht sind, weil das Empfangen des in ihnen Bezeichneten im Vordergrund steht. Dann wird auch verständlich, warum der Streit um die bloße (nicht-realistische) Zeichenhaftigkeit der Elemente im Abendmahl an der Sache vorbeigeht. Die ‚Zeichen' in diesem Fall sind Symbole, die im lebendigen Nachvollzug auf reale Wirksamkeit festgelegt sind. Ihre Kraft liegt in der Gleichzeitigkeit, in der realen Präsenz der Christus-Überlieferung, die im Empfangen des Christus selbst besteht. Das ist damit kein historisches Problem mehr, sondern bleibt orientiert an der Zusammenwirkung von Göttlichem und Menschlichem in der Inkarnation, einer Einheit von Gegensätzlichem. Dazu gehört, dass (in der Auslegung des „Hohenpriesters" [HZS]) das göttliche Leiden, menschlich gesehen, alles Leiden überschreitet: er hat „am meisten gelitten". Dass er selbst aber zusätzlich darunter leidet, wenn Menschen nicht erreicht werden (*Dialektik des Leidens*) bzw. wenn und weil sein „Trost" allein darin besteht, „andere zu trösten" (*Dialektik der Inkarnation* [HZS, 141]). Diese empathische Konstellation heißt, dogmatisch gesehen, *Stellvertretung* (satisfactio vicaria), in deren exklusiver Leidensüberlegenheit (vgl. die stilistisch

---

[24] S.o. Anm. 8.

[25] Vgl. Anm. 6 und LEPPIN/SATTLER (s. Anm. 10), 79.

mit aller Dringlichkeit vorgebrachte Anaphernreihe, HZS, 143) die Einheit des Verschiedenen (der *zwei Naturen in Christus*) wiederum vorausgesetzt ist. Das ist besonders dramatisch in der in die *Einübung im Christentum* aufgenommenen Rede (Teil III, 1. Rede [Predigt, s.o. Anm. 17]). Sie lebt ganz und gar von dem in allem gesteigerten Gegensatz (nach Joh 12, 32) zwischen der (göttlichen) „Hoheit“ und der erschreckenden (irdischen) „Geringheit“, und zwar so, dass von der verheißenen himmlischen Seite die Kraft zur Rettung aus dem Leiden ausgeht. Doch dahin führt nur ein indirekter Weg: der über den leidenden „Erniedrigten“. Über seine „Knechtsgestalt“. So die verflochtene, doppelte Erfahrung des neutestamentlichen Christus, und doch ist er „derselbe in seiner Erniedrigung und Erhöhung“ (EC, 146). Die Einheit in Gott selbst tritt hier (fast) vollständig zurück, die Schöpfungstheologie hat keinen Platz[26] – bis auf den einen Hinweis, der den fehlenden Aspekt zumindest registriert: Wer vom Erhöhten angezogen wird, „muss sich schon gezogen fühlen“ (EC, 148), d.h. die auch hier wirksame Leidensdialektik verlangt die höhere Einheit des Gott-Menschlichen, wie sie durch die christologische Dialektik erfahrbar gemacht werden kann. Das ist ein Gedanke, den Kierkegaard durchaus auch kennt, der allerdings Konflikte, das Abstoßende und Erschreckende immer konzentrierter ausarbeitet. Man wird sagen können, dass sich darin gerade auch die gesellschaftliche und politische Situation widerspiegelt, der sich Kierkegaard spätestens seit 1848 ausgesetzt fühlt, worin jeder Kompromissgedanke als kompromittierend verstanden werden müsste.[27] Daher sind Verteidigungen der

[26] Vgl. Bjergsø, Michael O., Kierkegaards deiktische Theologie. Gottesverhältnis und Religiosität in den erbaulichen Reden, KSMS 20, Berlin: DeGruyter 2009, 255.

[27] Auch in den Abendmahlsreden kommt dieses Verhältnis zur ‚Welt‘ in aller Härte zum Ausdruck und ist nicht nur rhetorisches Bei-

Schöpfung, die ein positives Lebensgefühl unterstellen lassen, selten, aber vielstimmig und von Gewicht, und sie zeigen Kierkegaards Freude an der Sprache.[28] Der stärkste Beleg im Bereich der Abendmahlsreden findet sich gleich in der 1. Rede (s. Anm. 19): Sehnsucht, Verlangen, Gestimmtheit etc. können in ihrer primären Rolle der Voraussetzung nicht der gleichen existentiellen Konsequenz unterliegen wie jede weitere Erfahrung und Auslegung der dialektischen, kreuzestheologischen Widerständigkeit, wie sie Kierkegaard in seiner Gesellschafts- und Kirchenkritik verfolgt hat.[29] Die göttliche Einheit ist eine in Gegensätzen – und diese stehen allerdings im Wiederspiel von Erniedrigung und Erhöhung im Vordergrund des Interesses, gezielt auf die im „heiligen Augenblick" am Altar gesuchte Heilung (EC, 148). Die „Herrlichkeit" im Auftreten Jesu ist immer eine gebrochene, für die Gleichzeitigen damals wie heute! Tritt sie doch einmal hervor, ist es wie ein „Vulkan und nichts Sicheres […], der Höhe gleich, von der einer herabfällt […] mit dem Schrecken des Untergangs " (EC, 161 [III. Teil, 3. Rede]).

---

werk, sondern ernst zu nehmen: „Oder ist es Leid über die Sünde und Gottlosigkeit der Welt, Leid darüber, dass die Welt im Argen liegt, Leid darüber, wie so tief der Mensch gefallen ist, Leid darüber, dass Gold Tugend ist und die Macht Recht und die Menge Wahrheit, dass allein die Lüge gedeiht, und allein das Böse siegt […]" (HZS, 141). – Vgl. Cappelørn, Forligelsen (wie Anm. 20), 378.

[28] Zentral für diese Frage im Gesamtwerk sind die Reden *Die Lilie auf dem Felde und der Vogel unter dem Himmel*, 1849 (LF).

[29] Vgl. vor allem die polemischen Traktate der *Augenblicksschriften* (A). M. Pohlmeyer hat eine hilfreiche, thematische Übersicht der 10 Artikel vorgelegt, vgl. Pohlmeyer, Markus, Kierkegaard: Erbaulichkeit und Satire – Christ- und Selbstsein im Übergang, Habil. Kiel, 2021.

12. Christusbild

Die Forderung nach Gleichzeitigkeit, verstanden gemäß der Dialektik des Leidens und der Inkarnation, lässt sich integrieren in der Intensität des *Christusbildes*, das mit seinen unvergesslichen Spuren der Erniedrigung alles Andere überstrahlt. Darin besteht die „Existenz-Mitteilung“ des Christentums, wie Kierkegaard sein Vorgehen im Gegenüber zur Lehrbuchdogmatik charakterisieren kann (NB 17:30); anders formuliert: Statt dass ein Mensch zu sich selbst immer mehr in „Distanz“ gerät, muss er sich selbst „gegenwärtig“ werden (NB 17:57), und das geschieht im Christusbild, zu dessen Vermittlung die Praxis des Abendmahls gehört. Fragt man genauer, was für eine ‚neue Lehre‘ damit zu vertreten ist, so würden Kierkegaards pseudonyme Autoren die Frage zurückweisen oder gar nicht verstehen – denn es kann sich nur um die ‚alte‘ Lehre, Existenz-Mitteilung, handeln. Diese Position kann aber nicht verbergen, dass zur ‚Herstellung‘ des ‚Alten‘ dieses erheblichen Veränderungen unterzogen wird, daher Kierkegaards, immer umkämpfte, Selbsteinstufung als *Dichter*. Das Abendmahl – in seiner Darstellung durch die Reden – zeigt alle diese Züge von Tradition und Veränderungen. Noch einmal nach der Gleichzeitigkeit gefragt: Was geschieht in der Vergegenwärtigung von Menschheit und Gottheit in Sündenbekenntnis, Versöhnung und Freisprechen am Altar? – Die Überzeugungsbildung durch die Qualifizierung der Gegenwart, zu der Christus einlädt, so wie er in der Kopenhagener Frauenkirche von Thorvaldsen dargestellt ist.[30] Die Natur braucht kein besonderes „Zeichen“ für die „Größe Gottes“, wohl aber Gottes „Erbar-

---

[30] Vgl. Cappelørn, Forligelsen (wie Anm. 20), 130. – Zum Aufbau des „Christus-Bildes“ durch Anti-Climacus vgl. Kleinert, Markus, Andere Klarheit. Versuch über die Verklärung in Kunst, Religion und Philosophie, Göttingen: Wallstein 2021, 104–117.

men“ in der Geschichte – und das Zeichen ist der „Glaube“, ein „Geheimnis“, und dies „Zeichen ist ja das Sakrament“ (CR, 313 [6. Rede]). Das Sakrament aber ist gegenwärtig, und „wo er ist, da ist der Altar“ (CR, 294 [3. Rede]). Es geht also um den alleinigen Vorrang des Christusbildes im Augenblick, der Zeit- und Raumdistanzen aufhebt, so wie Jesus am Kreuz das „heute noch“[31] ausspricht (CR, 288 f.; vgl. Lk 23, 43; Hebr 3, 7). Man kann das als präsentische Eschatologie bezeichnen, und in deren Zeichen stehen die Transformationen in der Benutzung der Bibeltexte und der dogmatischen Tradition. So wird beispielsweise das *Gleichnis vom Pharisäer und Zöllner* (Lk 18, 9–14) in freier Adaption zu einer Analyse menschlicher, religiöser *Heuchelei.*[32] Der Zöllner wird zur Hauptfigur immer neuer Variationen von wahren und falschen Haltungen im Gottesverhältnis, eingeleitet durch die rhetorische Frage im Namen der literarischen Gleichzeitigkeit: „ist es nicht, als ginge er [der Zöllner, LK 18, 14] eben jetzt hinab vom Altar!“ (HZS, 148). Die im Hintergrund erkennbare dogmatische Tradition muss als solche praktisch nicht benannt werden, sie wird erübrigt durch das alles bestimmende Christusbild, dessen subjektive und objektive Leidensintensität zum Ausweis seiner Wahrheit erhoben wird.[33] Was im Abendmahl, in seiner Gegenwärtigkeit, geschieht, ist, mit anderen Worten, eine innere Bewegung von einer verzweifelten Selbsteinstufung (in subjektiver und/oder objektiver Hinsicht) zu einer lebenspraktischen Handlungsfreiheit. Denn das Gottesverhältnis kann nicht in Gedichten und Reden bestehen, sondern nur

---

[31] Zum dän. Wortgebrauch [endnu i dag] und Bedeutungsvarianten vgl. Cappelørn, Forligelsen (wie Anm. 20), 147.

[32] Vgl. Cappelørn, Forligelsen (wie Anm. 20), 414.

[33] Vgl. *oboedientia activa/passiva*, Cappelørn, Forligelsen (wie Anm. 20), 385, 403.

im Handeln – ohne dass dies als „Verdienstlichkeit" missverstanden werden darf.[34] Die zu dieser Handlungsfreiheit nötige Konstellation wird, bildlich gesprochen, im Weg zum Altar (der Versöhnung) und im Weg vom Altar (in die nachfolgenden Handlungssituationen) erworben. Das, gefasst ins Christusbild, ist das *Reale* an der *Präsenz* im Vollzug des Rituals, und die Formulierung von J. Habermas, Kierkegaard sei „der Erste, der die ethische Grundfrage nach dem Gelingen und Misslingen des eigenen Lebens mit einem nachmetaphysischen Begriff des ‚Selbstseinkönnens' beantwortet hat"[35], hat hier ihren theologischen Grund. – Die realpräsentische Interpretation in der Verständigung über das Abendmahl belegt nicht nur, dass sich, mit W. Benjamin gesagt, die Theologie doch „darf blicken lassen"[36], sondern sie zeigt auch eine Beantwortungsmöglichkeit gegenüber der religionssoziologischen These, oder besser Diagnose, „dass es in unsere Gesellschaft keine außerreligiösen Gründe mehr gibt, religiös zu sein."[37] An Kierkegaards Abendmahlsreden lässt sich studieren, wie gerade diese sensible und konsequente Profilierung der Tradition aktive Veränderungen derselben mit sich bringt und wie das Religionsproblem der spätmodernen Gesellschaft zumindest genauer eingekreist, wenn nicht gelöst werden kann.

---

[34] Vgl. die Notiz von 1852, SKS 27, Nr. 436; Cappelørn, Forligelsen (wie Anm. 20), 191.

[35] Habermas, Jürgen, Die Zukunft der menschlichen Natur. Auf dem Weg zu einer liberalen Eugenik?, Frankfurt am Main: Suhrkamp 2002, 17.

[36] S.o. Anm. 1.

[37] G. Wegner (unter Hinweis auf R. Bingener), in: F.A.Z., 30. Mai 2021, 14.

6

Kosmologische Argumente gegen die Verzweiflung (Hiob 38–41)

Zu den Bibeltexten, die ohne spezielle Vorbereitung unmittelbar mitvollziehbar erscheinen und die somit die Brücke zwischen tradiertem Textbestand und gegenwärtigem, wissenschaftsgeprägtem Weltbild selbst schon zur Darstellung bringen, gehört das Buch *Hiob*. Die jahrhundertealte Auslegungsgeschichte hat sicher sehr unterschiedliche Verstehenslinien verfolgt, klar ist aber das Thema – oder die tiefgreifende humane Frage: Warum muss der Gerechte trotzdem so maßlos leiden? Anders und im Blick auf die zahlreichen religionsphilosophischen Interpretations- und Erklärungsversuche gesagt: *Theodizee* heißt (seit G.W. Leibniz [1710]) die Problemstellung, Gottes Schöpfergüte mit dem offenbaren Leiden der Menschen und all den aufdringlichen Übeln der Welt zusammenzudenken.[1] Das geschieht zunächst in Form der Rahmenerzählung (Hi 1–2; 42, 7 ff.), die auf einer höheren Ebene spielt und Gott den Herrn im Gespräch mit Satan zeigt. Es kommt zu einer infamen Absprache, einer Art Wette, dass Hiob sein Gottvertrauen und seine Gerechtigkeit, wenn er denn durch den Verlust seines ganzen Besitzes, seiner Gesundheit und seines bisherigen Lebenssinns endlos gequält würde, sein Gottesverhältnis nicht würde durchhalten können. Über die Hintergründe dieser Prüfung wissen die Rezipienten der Erzählung Bescheid, es kann also eigentlich nur gut ausgehen: „Hiob starb alt und lebenssatt“

[1] Vgl. Deuser, Hermann, Religionsphilosophie, Berlin/New York 2009, § 18.2.

(Hi 42, 17), nachdem er alles, und mehr als das, wieder bekommen hatte. Der Lohn für die Treue bestätigt eben das, was Hiob in seiner Haltung des unbedingten Gottvertrauens schon früh ins Spiel gebracht hatte: „Der Herr hat's gegeben, der Herr hat's genommen; der Name des Herrn sei gelobt" (Hi 1, 21b) und: „Haben wir Gutes empfangen von Gott und sollten das Böse nicht auch annehmen?" (Hi 2, 10b). – Doch was geschieht? Die Mitte der Hiob-Erzählung besteht aus großartigen und beeindruckenden Dialogen bzw. Monologen von Hiobs Freunden, seinen eigenen Antworten und schließlich von Gott selbst. Wiederum auf anderer Ebene verlagert erscheint die Theodizee als zugleich existentieller wie theologisch-intellektueller Prüfstein, die Forschung spricht von der literarischen Form als Lehrgedicht, Kunstprosa, Weisheitsliteratur.[2] Jetzt werden theologische Argumente aneinander und gegeneinander gemessen und die Sache wird auf die Spitze getrieben.

I. Objektive Schuld: moralische Konsequenzen

„Hiobsbotschaften" nennen wir bis heute schlechte Nachrichten über Unglücke, die unsere Lebenssituation massiv verändern: „Ich hatte keinen Frieden, keine Rast, keine Ruhe, da kam schon wieder ein Ungemach!" (Hi 3, 26). Um das erklären zu können, greifen in alten Kulturen und Gesellschaften – und auch das kommt bis heute vor – die Menschen auf ein Muster zurück, wonach ungerechtes Verhalten, d.h. Verstöße gegen die geltende Moral mit (negativen) Kon-

---

[2] Vgl. Witte, Markus, Das Hiobbuch, in: Jan Christian Gertz (Hg.), Grundinformation Altes Testament. Eine Einführung in Literatur, Religion und Geschichte des Alten Testaments, Göttingen 2006 (UTB 2745), § 14.

sequenzen in den jeweiligen Lebensverhältnissen zu rechnen haben: man hat die Strafe durch das „Ungemach" verdient. Davon freigesprochen zu werden, das Leben wieder zu heilen, dafür ist zuallererst das Eingeständnis notwendig, dass eigenes, sozusagen objektives, weil für alle sichtbares Verschulden vorliegt und also die Strafe berechtigt ist: „Siehe, selig ist der Mensch, den Gott zurechtweist; darum widersetze dich der Zucht des Allmächtigen nicht" (Hi 5, 17). Dieser Trost entspricht genau der Funktion von Hiobs Freunden – Hiob aber entspricht ihm nicht. Er verweigert diesem religiös- moralischen Muster die Zustimmung: „So wollte ich reden und mich nicht vor ihm [Gott] fürchten, denn ich bin mir keiner Schuld bewusst" (Hi 9, 35). Vor der Größe Gottes und seiner Gewalt über Leben und Tod wird alles Menschliche hinfällig: „so spottet er über die Verzweiflung der Unschuldigen" (Hi 9, 23); und diese, beharren sie auf ihrer Unschuld, können nicht anders, als die furchtbare Willkür auf Gott zurückzuführen. Die Bilder für diese Macht gehen ins Äußerste, beschwören Schöpfung und Vernichtung (Hi 10), und das moralische Verlangen der Freunde gegen Hiob, den Frevel gegen Gott einzuräumen (Hi 11), stützt sich auf den kosmologischen Zusammenhang, in dem alles in seiner Fülle und einheitlichen Wirkung erfasst wird. Gerade so wird der grundlegende Unterschied zwischen Gott und Mensch in allem bezeugt. Kritik an diesem Gott und seine kosmische Bewunderung bestätigen dann nur die menschliche Schwäche, führen zur bloßen Anpassung. Der in allen Reden großartig präsentierte, kosmologische Zusammenhang hat also zweifache Funktion: Er wird einerseits ausgenutzt als pures Gefühl der in allem sichtbaren und bedrohlichen Unterlegenheit des Menschen, und er wird andererseits, in seiner Größe und Gewalt um nichts verkleinert, zur freien Einstimmung in die nicht mehr mit Verzweiflung erlittenen, sondern zur Selbstwerdung aufbauenden Schöpfungskonditionen verwandelt. Das Signal für Letzteres gibt Hi 38, 1: Gott spricht aus dem Wettersturm! – und antwortet so, indem er in deutlicher Distanz die Frage des Leidens allein indirekt berührt.[3] Sie ist offenbar nur über den Wettersturm richtig anzugehen.

II. Subjektive Schuld: religiöse Konsequenzen

Der Unterschied zwischen Moral und Religion, den die Moderne immer deutlicher herausgearbeitet hat, steht in der kulturgeschichtlichen Epoche Hiobs so nicht zur Verfügung. Die objektive, d.h. allgemeingültig vertretbare und normative Geltung z.B. des Dekalogs[4] wird von Hiobs Freunden als religiöse Anforderung ebenso vorausgesetzt wie sie von Hiob als von ihm selbst erfüllt angesehen wird. In heutiger Sicht könnte, um dies zu erreichen, allein die 2. Tafel des Dekalogs, die moralisch selbständigen Gebote/Verbote ohne den expliziten Gottesbezug der 1. Tafel, zur Begründung herangezogen werden, so wie Hiob in seiner Verteidigung eine Liste mit Fragen aufführt, die seine Korrektheit in der Befolgung zum Ausdruck bringen. Die theologisch selbstverständliche Bindung der Moral an die religiösen Kontexte erscheint dann für die Moderne transformiert in subjektive Verantwortlichkeit und Handlungsfähigkeit mit oder ohne Blick auf die je eigenen religiösen Schuld- und Leidenserfahrungen – mit Hiob kann jedenfalls ein normativer Katalog als Maßstab ins Feld geführt werden (Hi 31)[5]:

---

[3] Vgl. WITTE, MARKUS, Hiobs viele Gesichter. Studien zur Komposition, Tradition und frühen Rezeption des Hiobbuches, Göttingen 2018, 76 ff.

[4] Zum Dekalog als „Zeichen“ Jhwhs vgl. WITTE, Hiobs viele Gesichter (wie Anm. 3), 107.

[5] Bibelstellen werden in der Regel zitiert nach der rev. Lutherbibel, Stuttgart 2017.

(5) Bin ich gewandelt in Falschheit, oder ist mein Fuß geeilt zum Betrug?

(13) Hab ich missachtet das Recht meines Knechts oder meiner Magd, wenn sie eine Sache wider mich hatten?

(16) Hab ich den Bedürftigen ihr Begehren versagt und die Augen der Witwe verschmachten lassen?

(24) Hab ich das Gold zu meiner Zuversicht gemacht und zum Feingold gesagt: „Mein Trost"?

(29) Hab ich mich gefreut, wenn's meinem Feinde übel ging, und mich erhoben, weil ihn Unglück getroffen hatte?

Sich daran zu messen und nicht für schuldig zu erklären hat offenbar eine höhere Adresse. Man könnte mit Kierkegaards Auslegung von Gen 22: *Das Opfer Abrahams*, von einer „teleologischen Suspension des Ethischen"[6] sprechen, weil sich das nicht integrierbar Furchtbare überhaupt nur in einem Gottesverhältnis ansprechen lässt. Auch diese Einstufung in Bezug auf das subjektiv-existentiell Konkreteste verdankt sich einer ethisch-religiösen und durchaus allgemein verständlichen Überlegung. Wir sind jedenfalls mit der paradoxen Situation konfrontiert, dass über Leiden, Verlust, Vernichtung und Schuld nur schwer direkt verhandelt werden kann, und dass dann, wenn Gott dafür in Anspruch genommen wurde, dies im Verweis auf den kreativen Kosmos geschieht, ja aus ihm heraus seinen Platz zu finden scheint: „Wo warst du, als ich die Erde gründete?" (Hi 38, 4) Die Urteilsperspektive der Freunde Hiobs, das Leiden in und an der Welt auszugleichen durch moralisches Schuldbewusstsein, muss dann einer neuen Sicht der Dinge weichen – der sich schon in der antiken Welt Gott oder Götter selbst stellen mussten, und die bis heute einerseits eine existentielle Vertie-

[6] Kierkegaard, Søren, Furcht und Zittern (1843), Ges. Werke, Düsseldorf und Köln 1962 („Problema I").

fung und andererseits eine kosmologische Universalität erforderlich macht.

III. Kosmologie des Unbedingten

Auf die ersten Dialoge Hiobs mit den drei Freunden (Elifas, Bildad und Zofar) folgt nicht unmittelbar die Gott-Rede, sondern wie ein bewusst gewählter Übergang stehen die vier (monologischen) Elihu-Reden (Hi 32–37) als selbständige Positionsbeschreibung der Hiob-Kritik vor dem entscheidenden Redewechsel in der alles überragenden Sicht Gottes.[7] Kosmologie ist in den Beispielargumenten jeweils in eigener Weise dominant, d.h. hier findet eine Entwicklung statt von den (1) moralischen Appellen der drei Freunde über (2) Hiobs schöpfungstheologische Steigerung seines aufs Erste nicht zu beruhigenden innerlichen Konflikt mit Gott – bis schließlich in die (3) Universalisierung und Integrierung alles bis dahin aufgebotenen Menschlichen in die überwältigende Schöpfermacht Gottes. – Die drei Schritte in beispielhaften Textstellen:

(1) Hi 22, 21–25 (aus Elifas letzter Rede):
So vertrage dich nun mit Gott und mache Frieden; daraus wird dir viel Gutes kommen./ Nimm doch Weisung an von seinem Munde, und fasse seine Worte in dein Herz./ Bekehrst du dich zum Allmächtigen und demütigst du dich und tust das Unrecht weit weg von deiner Hütte [...], / so wird der Allmächtige dein Gold sein und erlesenes Silber für dich.

---

[7] Zur literarkritischen Einstufung der Elihu-Kapitel vgl. WITTE, MARKUS, Das Buch Hiob (ATD 13), Göttingen: Vandenhoeck 2021, 491 ff.

Hi 26, 5–8 (aus Hiobs Antwort an Bildad):
Die Schatten drunten erbeben, unter dem Wasser und seinen Bewohnern./ Das Totenreich ist aufgedeckt vor ihm, und der Abgrund hat keine Decke./ Er spannt den Norden aus über dem Leeren und hängt die Erde über das Nichts./ Er fasst das Wasser zusammen in seine Wolken, und die Wolken zerreißen darunter nicht.

(2) Hi 32, 18–20 (aus Elihus erster Rede):
Denn ich bin voll von Worten, weil mich der Geist in meinem Inneren bedrängt./ Siehe, mein Inneres ist wie der Most, der zugestopft ist, der die neuen Schläuche zerreißt./ Ich muss reden, dass ich mir Luft mache, ich muss meine Lippen auftun und antworten.

Hi 34, 12–15 (aus Elihus zweiter Rede):
Ohne Zweifel, Gott tut niemals Unrecht, und der Allmächtige beugt das Recht nicht./ Wer hat ihm die Erde anvertraut? Und wer hat den ganzen Erdkreis hingestellt?/ Wenn er nur an sich dächte, […]/ so würde alles Fleisch miteinander vergehen, und der Mensch würde wieder zu Staub werden.

(3) Hi 36, 22 (aus Elihus letzter Rede):
Siehe, Gott ist groß in seiner Kraft; wo ist ein Lehrer wie er ist?

Hi 38, 1–4 (aus der erste Rede des Herrn):
Und der Herr antwortete Hiob aus dem Sturm[8] und sprach: […]/ Wo warst du, als ich die Erde gründete?

Zu (1): Noch einmal die klassische Standardanalyse der Situation Hiobs: Torah-Frömmigkeit impliziert gerechtes Handeln, also kann Hiobs Klage (cf. Hi 30) nicht rechtens sein.[9] Hiobs Antwort (Hi 26) beklagt aber tiefergreifend die Unzugänglichkeit, die gerade aus der souveränen Größe Gottes folgt, der über den Kosmos verfügt und damit den „Abgrund“

---

[8] Die Neue Jerusalemer Bibel übersetzt mit „Wettersturm“, die Zürcher Bibel mit „Wetter“!

[9] Vgl. zur Bedeutung der Torah an dieser Stelle Witte, Buch Hiob (wie Anm. 7) 360.

und das „Nichts“ aufreißt und bewältigt. Die kosmische Perspektive hat Vorrang, aber sie erklärt so nicht das Unrecht in der Welt, sondern sie lehrt nur die Anpassung an diese Gegebenheit.

Zu (2): Die Position Elihus steht über den bisherigen Reden, weil sie deren Haltung überprüft, indem sie die eigene Sicht ins Innere, in geistige Motivation verlegt: „Sprachformen“ im „Charakter der weisheitlichen Streitrede“.[10] Auch hier steht das Schöpfungsargument zentral, mehr noch, es achtet genauer auf die Vermittlung des Göttlichen in allen Dingen, auf das, worin sie ihr Leben haben. Die Naturgeschichte, die Evolution und Kosmologie provozieren die Frage nach dem Allerersten, nach der Instanz, die alles Andere, den „Erdkreis“ gegründet, „hingestellt“ hat (Hi 34, 13). Und ohne das Gottesverhältnis von Schöpfung und geschaffener Welt wäre der Mensch nichts als „Staub“ (v. 15) – und daraus folgt: „Lebendigkeit und Gottlosigkeit schließen sich gegenseitig aus.“[11]

Zu (3): Wie kann aber Hiob auf seiner Anklage gegen Gott bestehen, wenn gleichzeitig das schöpfungstheologische Argument im Spiel ist und damit auch die Gerechtigkeit und Instanz der wahren Lehre (Hi 36, 22)? Denn in schöpfungstheologisch-kosmologischer Perspektive argumentiert auch Hiob, wie sollte sonst die Gott-Rede mit der rhetorischen Frage nach der Gründung der Erde beginnen, um dann die gesamte physikalische und biologische Natur zum Zeugen anzurufen (Hi 38–39)?

---

[10] Witte, Buch Hiob (wie Anm. 7), 509.
[11] Witte, Buch Hiob (wie Anm. 7), 538.

Die Modernität dieser Kapitel Hiobs (und auch Elihus) liegt in der konsequenten Unterscheidung zwischen der geschaffenen Welt und der in ihrer Begründung zuerst und zuletzt nicht ohne die in allem geltende Schöpferautorität zu verstehen ist. Was aus heutiger Sicht dabei fehlt, ist allein die evolutionstheoretische Perspektive des Entwicklungsgedankens. Das ändert aber nichts an analogen Ausdrucksformen, die wir den Dingen geben und über die wir offensichtlich auch aus dem Sturm heraus immer wieder belehrt werden müssen.[12] Dabei fällt auf, dass nicht etwa die schöpfungstheologische Perspektive als solche umstritten ist, sondern was diese in der Verhältnisbestimmung zum Menschen und seiner (geschaffenen) Welt zu bedeuten hat. Dazu sind Nuancen in den verschiedenen Reden zu beachten. Bevor dies aber untersucht werden kann ist eine grundsätzliche Zwischenüberlegung einzuschalten: So sehr für Hiobs Gestalt und Position die nötigen Verständnisbedingungen des Leidens an und in der Welt auch heute gegeben sind – und das macht das Buch Hiob so unvergleichlich aktuell –, so gravierend ist die weltanschauliche Differenz in der Voraussetzung oder Bestreitung *Gottes*. Diese Frage bleibt zunächst versteckt hinter und in dem narrativen Charakter des Buches, eine hermeneutische Konstruktion, die nicht auf empirisch-historische Wahrheiten setzt, sondern bis in die anthropomorphen Gottesbilder des redenden und handelnden *Gottes* sich die existentielle Überzeugungs- und Erschließungskraft der Fiktionalität zunutze macht. Ist dieser Übertragungsprozess vom allgemein Erfahrbaren – und insofern Abstrakten – ins narrativ Konkrete wieder rückgängig zu machen? Dann ist die religionsphilosophische Problemstellung der *Theodizee* wieder erreicht. Oder ist vielleicht mit dem Begriff

---

[12] Vgl. DEUSER, Theologie der Natur, in: MJTh XXVII (2015), 91–110.

des *Unbedingten* oder *Unverfügbaren* die Möglichkeit gegeben, beides zugleich zu realisieren: die „sich letzter menschlicher Rationalität entziehende Schöpfermacht“[13] anzuzeigen, wozu gerade das Bild vom Wettersturm in Blitz und Donner unentbehrlich erscheint, weil es nämlich *als* Bild die widerspruchslose Unbedingtheit zum Ausdruck bringen kann. Der Rückgriff auf den immer gesuchten und von Gott selbst in Anspruch genommenen logischen ‚Bereich‘ *vor* der Schöpfung, *bevor* die Erde gegründet wurde, ist damit thematisch und doch immer nur als verborgener ins Spiel zu bringen. Eine Konkurrenz im Denken dieser Ursprünglichkeit in Gott selbst ist allerdings ausgeschlossen, jedenfalls aus der Sicht der beiden Gottesreden, wenn auch die Frage: „Gott – gegen Gott“[14] (der Gott den Hiob anklagt, und der Gott, der Hiob allein retten kann) noch überdeutlich mitschwingt im expliziten Ausschluss eines zweiten oder überhaupt anderen schöpferischen Souveräns. Gerade dem Negativen der Erfahrungswelt kommt keine Eigenständigkeit zu, die erinnerten Chaosmächte sind „geschaffen“: Behemot und Leviatan (Hi 40, 15 u. 25).

---

[13] Vgl. WITTE, Buch Hiob (wie Anm. 7), 633; oder anders ausgedrückt: die „göttliche Kreativität“ ist zu entdecken als „das Unvordenkliche“, vgl. OHLY, LUKAS, Was Jesus mit uns verbindet. Eine Christologie, Leipzig: EVA 2013, 186; vgl. zum Begriff des *Unbedingten*, DEUSER, Religionsphilosophie (wie Anm. 1), § 1; und des *Unverfügbaren* s.u. Anm. 38.

[14] BLOCH, ERNST, Atheismus im Christentum. Zur Religion des Exodus und des Reichs, Frankfurt am Main 1968, 158.

IV. „Humane Teleologie bricht ab"[15]: Behemot und Leviatan

Bereits an früherer Stelle in den Dialog-Reden (zweite Rede an Bildat, Hi 19) findet sich ein vielsagender Hinweis auf die widersprüchlich erscheinende Gottesvorstellung Hiobs – und ein berühmtes Übersetzungsproblem: „Ich weiß, dass mein Erlöser lebt [...]" (v. 25). Wo Luther mit „Erlöser" übersetzt hat und damit an dieser Stelle unmittelbar neutestamentliche Interpretationen anschließen kann, müsste eigentlich „mein Rächer" o.ä. gesagt werden, wie es (für Ernst Bloch) besser ins Bild Hiobs als „Rebell" passt.[16] Gegen ein sanftes, kampfloses Christentum wird mit dieser Seite Hiobs das *ganz andere* Gottesbild aufgerufen, dessen Bedingungen dann aber auch mit dem Gott aus dem Wettersturm (Hi 38, 1) zusammengedacht werden müssten.

Ein weiteres Indiz für einen Konflikt im Gottesbild sind dann in der zweiten Gott-Rede die erstaunlich ausführlich beschriebenen Tiere aus dem Abgrund, „Riesenvieh/Monsterwesen"[17] (Behemot). Sie leben offenbar hinter dem Rücken der Menschen, sind in keine seiner Sinnstrukturen eingebunden: „Jachwehs Werke sind nicht mehr anthropozentrisch. Humane Teleologie bricht ab, über ihr stehen Firma-

---

[15] Bloch, Atheismus (wie Anm. 14), 154. – Ganz im Sinne Blochs hat bereits Kierkegaard das „Geheimnis" des Hiob-Buches darin gesehen, dass „Hiob trotzalledem recht hat." – Vgl. Kierkegaard, Søren, Die Wiederholung, Ges. Werke, 5. Abtlg., hg. v. Emanuel Hirsch, Düsseldorf: Diederichs 1967, 77.

[16] Bloch, Atheismus (wie Anm. 14), 156 f. – Vgl. die Ableitung der „Rebellion" Hiobs bei Schulz, Heiko, A Claim forfeiting its own Right. Why Job got it wrong – and why this matters for the Rationality of Religion, in: Religions 10 (2019), (www.mdpi.com/journal/religions), 5, 8.

[17] Vgl. Witte, Buch Hiob (wie Anm. 7), 656.

ment und Kolosse."[18] Behemot wahrscheinlich als Nilpferd, Leviatan als Krokodil repräsentieren (fast) ungezügelte ‚tierische' Macht und Gewalt: „Denn die Berge bringen ihm [Behemot] Tribut, und alle Tiere des Feldes *zertrampelt* er."[19] (Hi 40, 20) – „schon wenn einer ihn [Leviatan] sieht, stürzt er zu Boden" (Hi 41, 1). Die *Bedrohung* erscheint grenzenlos und begrenzt zugleich. Gott kämpft nicht mit den Chaosmächten – wie der „ägyptische Königsgott Horus", sondern er ‚erschafft' eine Lebenswelt für Menschen[20], in der Kreativität und Selektivität zusammenwirken, die Größe und Prozesse des Chaotischen aber bleiben durch Gott begrenzt – das also heißt *Schöpfung*. Hiob zerlegt, was für Gott aus dem Wettersturm offenbar zusammengehört, was er sich nicht selbst absichern kann.

Würden sich die Tiere aus dem Abgrund durchsetzen, wäre die Lebenswelt in der Sicht ihrer Subjekte zum *Verzweifeln* und die *Kosmologie* könnte nicht zur Integration des Negativen herangezogen werden. Oder muss man sagen, dass das Problem des Bösen und des Übels in der Welt nicht gelöst werden kann, weil das Gottesbild paradoxe Züge[21] angenommen hat? Oder ist vielleicht gerade diese Erfahrung und Erkenntnis der Sinn des Hiobbuches? Heinrich Heine, der kritische Beobachter der Religiosität des europäischen 19. Jh., hat einen solchen Vorschlag gemacht:

---

[18] BLOCH, Atheismus (wie Anm. 14), 154.

[19] Übersetzung mit WITTE, Buch Hiob (wie Anm. 7), 643.

[20] Vgl. KRÜGER, THOMAS, Gott und das Leid: Hiobs Botschaft – Eine Predigt, in: Ders., Kritische Weisheit. Studien zur weisheitlichen Traditionskritik im Alten Testament, Zürich: Siebenstern 1997, 224.

[21] Z.B. in der Formulierung: „Job is in the wrong in relation to God, precisely by claiming to be right", SCHULZ, HEIKO, (wie Anm. 16), 9; vgl. 7.

„Aber warum muss der Gerechte soviel leiden auf Erden? Warum muss Talent und Ehrlichkeit zugrunde gehen, während der schwadronierende Hanswurst [...] fast stinkt vor Wohlbehagen? Das Buch Hiob löst nicht diese böse Frage. Im Gegenteil, diese Buch ist das Hohelied der Skepsis, und es zischen und pfeifen darin die entsetzlichen Schlangen ihr ewiges: Warum? [...] dieses Gift durfte nicht fehlen in der Bibel, in der großen Hausapotheke der Menschheit. Ja, wie der Mensch, wenn er leidet, sich ausweinen muss, so muss er sich auch auszweifeln, wenn er sich grausam gekränkt fühlt in seinen Ansprüchen auf Lebensglück; und wie durch das heftigste Weinen, so entsteht auch durch den höchsten Grad des Zweifels, den die Deutschen so richtig die Verzweiflung nennen, die Krisis der moralischen Heilung. – Aber wohl demjenigen, der gesund ist und keiner Medizin bedarf!“[22]

Ist diese Erkenntnis der *conditio humana* zutreffend? – Hiob als Zweifler zu verstehen, der den Gott, der ihn eigentlich retten müsste, anklagt, ist vor allem kein theoretisch-intellektueller Skeptiker, sondern erleidet das Äußerste und insistiert auf der Widersetzlichkeit der Situation. Weil Heine die Protesthaltung Hiobs nicht zu schnell einebnen will, muss er sie loben; und er tut dies durch die Aufdeckung einer existentiellen Intensität, die jeder Mensch kennt: So wie verstärktes Weinen zur Konzentration auf die eigene Existenz führt, so die gesteigerte Skepsis zur existentiellen Verzweiflung. Und dieses Resultat ist nicht von Nachteil, sondern hat im Gegenteil den Vorteil der Situationsklärung. Wer solche inneren Bewegungen nicht kennt (keine „Medizin“ braucht), hat nicht mehr, sondern weniger von sich selbst verstanden, das ist wohl die Pointe von Heines Textstück. Das Gottesverhältnis aber bleibt auf der Strecke, weil es nicht mehr in-

---

[22] Heine, Heinrich, Ludwig Marcus Denkworte. Spätere Note 1854, in: Sämtliche Schriften Bd. 5, hg. v. Klaus Briegleb, München (dtv.) 2005, 190 f. – Vgl. den Hinweis auf diese Stelle, in: Philosophie Magazin. Die Bibel und die Philosophen (Sonderausg. 07), Berlin 2016, 83.

tellektuell einzuholen ist und vor dem Forum der allgemeinen Verständigkeit nicht mehr haltbar erscheint. Das Buch Hiob dagegen, so sehr die Protesthaltung bis in ihre Paradoxien hinein verfolgt wird, bildet bereits für Hiob selbst wie dann in den Gott-Reden (Hi 38 u. 40 f.) die ganze Weite der Natur[23] ab, bietet Kosmologie im Großen wie im Detail. Diese Verhältnisbestimmung ist anthropologisch unabweisbar, und dass es sich dabei zugleich um das Gottesverhältnis handelt, wird am Ende durch die rhetorischen Fragen Gottes nach der schöpferischen Ursache von alldem provoziert. Diese Eindeutigkeit haben die Dialoge mit den Freunden noch nicht, die Autorität der Schöpfungsperspektive aber ist bereits selbstverständlich, wenn sie auch in anderer Funktion steht: Die kosmischen Größenverhältnisse müssten nur auf die menschlichen Kontingenzen beziehbar werden, weil schließlich jede Geburt als Teil des Ganzen angenommen werden muss – was den Gott aus dem Wettersturm schließlich doch interessieren sollte:

Hi 9, 16 f.: Wenn ich ihn auch anrufe, dass er mir antwortet, so glaube ich nicht, dass er meine Stimme hört,/ vielmehr greift er nach mir im Wettersturm und schlägt mir viele Wunden ohne Grund.

Hi 9, 21.23: Ich bin unschuldig! Ich möchte nicht mehr leben; ich verachte mein Leben.// [...] so spottet er über die Verzweiflung der Unschuldigen.

Hi 3, 3: Ausgelöscht sei der Tag, an dem ich geboren bin, und die Nacht, da man sprach: Ein Knabe kam zur Welt!

Hi 30, 22: Du hebst mich auf und lässt mich auf dem Winde dahinfahren.

---

[23] Vgl. für die Eigendarstellung Hiobs in den Dialogen vor allem Hi Kap. 3, Kap. 9 u. 30.

V. Kreatives Universum und Kontinuität in Gott

Die Frage aus dem Lebensleid nach Gottes Gerechtigkeit scheint blockiert durch Gottes Antwort aus dem Wetter – und nicht aus der menschlichen Existenz. Die abgebrochene Teleologie[24] verschiebt die Diskussion auf eine tiefere existentielle Ebene, die gerade durch die kosmologische Gesamtperspektive eröffnet wird. In der traditionellen Metaphysik konnte die Theodizee noch unmittelbar mit dem teleologischen/kosmologischen Gottesbeweis verbunden werden, weil und wenn das Negative (das Übel) durch eine höherwertige Erklärung aufgefangen werden konnte. Die klassische Religionskritik hat dagegen gezeigt, wie fragil der Schluss aus dem Natürlichen auf die Gottesinstanz dasteht, wenn das Leiden an der (Menschen-)Welt das offenbare Elend wirklich ernst nähme. David Humes *Dialoge über natürliche Religion* (1779) z.B. präsentieren diese Seite der Sache unwidersprechlich:

> „Wenn ein Fremder plötzlich in diese Welt hinein versetzt würde, so würde ich ihm, als ein Beispiel ihrer Übel, ein Krankenhaus voll von Kranken, ein Gefängnis gefüllt mit Verbrechern und Schuldnern, ein Schlachtfeld übersät mit Leichnamen, eine Flotte versinkend im Ozean, ein Volk daniederliegend unter Tyrannei, Hungersnot oder Pestilenz zeigen.“[25]

Von diesen Erfahrungen ausgehend kann es kaum eine Verständigung über einen gerechten Gott geben (was Hume zeigen will), weil der Maßstab humaner Moralität – und sei

---

[24] S.o. Anm. 6 u. 15.

[25] Hume, David, Dialoge über natürliche Religion, hg. von Günter Gawlick, Hamburg 1980, (Teil X), 83. – Vgl. Deuser, Humes pragmatistisches Argument für die Realität Gottes, in: Ders., Gottesinstinkt. Semiotische Religionstheorie und Pragmatismus, Tübingen: Mohr Siebeck 2004, 174–186.

es diese in ihrem Scheitern – offenbar ins Leere greift. Und doch, ohne einen Zusammenhang zwischen den Übeln der Welt und der Beurteilungsinstanz derselben in nicht-empirischer Art, bliebe das Bild unvollständig. Die kluge Formel des Boethius (480–524) zeigt, worum es geht:

„Si quidem deus […] est, unde mala? Bona vero unde, si non est?" („Gibt es einen Gott, woher das Übel? Gibt es keinen, woher das Gute?")[26]

Der erste Satzteil (unde mala) führt wiederum in die klassische Theodizee-Problematik[27],

- warum Gott es zulässt, was an Übeln massenhaft vorkommt;
- ob es Bedingungen gibt, die erfüllt sein müssen (z.B. der freie Wille des Menschen), damit das Geschaffene wirklich zu seiner Geschichte werden kann;
- inwiefern die kosmologischen Prozesse (Evolution) gar nicht ohne das Negative zustande kommen können (Scheitern um des Wachstums willen);
- welche Gottesprädikate (Allmacht, Allwissenheit, Güte) – unter welchen Einschränkungen – als gültig betrachtet werden können.

Der zweite Satzteil hat einen überraschenden Effekt: Die Umkehrung der Frage, jetzt nach dem Guten, deckt eine Voraussetzung auf, die stillschweigend in der ersten Frage schon

---

[26] BOETHIUS, Trost der Philosophie/Consolatio Philosophiae, lateinisch und deutsch, hg. v. ERNST GEGENSCHATZ/OLOF GIGON, München/Zürich: Artemis 1990 (I. Buch, Kap. 4), 20–23. – Vgl. den Hinweis bei SCHULZ, Suffering, Guilt – and Divine Injustice? – The Nature and Forms of Evil in Their Bearing on the Problem of Theodicy, in: Toronto Journal of Theology (2020), 1–20; 6.

[27] Vgl. ROSENAU, HARTMUT, Der Anstoß des Glaubens – Das Theodizeeproblem und seine möglichen Lösungen, Münster: LIT 2020.

impliziert ist: Dass Gott, die Schöpfung eigentlich nur zum Guten gedacht werden kann. Wenn es also das Gute gibt, dann muss es einen Gott geben, und der ist dann entweder auch für das Übel verantwortlich zu machen, d.h. es ‚gibt' ihn nicht wirklich – was dem zweiten Satzteil widerspricht. Das Buch Hiob, im Ganzen gesehen, enthält auf seine Weise diese divergenten Problemhinsichten und hält den Konflikt zunächst offen: Die Elihu-Reden wollen Hiob die göttliche Distanz zwischen Gott und Mensch vorhalten, was Hiobs Klagen gegen Gott überflüssig macht: „Was habe ich davon, dass ich nicht sündige?" wird Hiob zitiert (Hi 35, 3), und Elihus Replik lautet: „der Allmächtige wird es nicht ansehen", und begründet kosmologisch: „Schau gen Himmel und sieh [...]" (Hi 35, 13b. 5).Die letzte Rede Elihus aber kehrt die Blickrichtung wieder um: „So reißt er auch dich aus dem Rachen der Angst in einen weiten Raum" (Hi 36, 16).[28]

Wie ist dieser Konflikt lösbar? Es ist, als lauerte unter jedem Kompromissvorschlag der nicht gebändigte Leviatan, der die Versuche zur Begründung des eigentlich doch immer sinnlosen kreatürlichen Leidens torpedierte. Was kann die offensichtliche Lücke überbrücken, die Hiob zwischen Gottes Verantwortlichkeit und dem immensen Leiden – und deshalb der Verzweiflung an dieser Situation – aufgerissen hat? Ein Antwortversuch muss noch einmal die Zwischenüberlegung[29] aufnehmen und die Kommunikation überhaupt zum Thema machen, die diesen Gegenständen angemessen ist. Heiko Schulz hat gezeigt[30], dass unter den gewöhnlich unterschiedenen Grundformen des Übels (physisch, moralisch, eschatologisch) die letzte dadurch ausgezeichnet ist,

---

[28] Vgl. zur fraglichen Textgrundlage an dieser Stelle bei Witte, Buch Hiob (wie Anm. 7), 560. 576.

[29] S.o. zu Anm. 13.

[30] Vgl. Schulz, wie Anm. 26.

dass sie nicht, wie die beiden anderen, jeweils in ihrem Auftreten auch als beendet oder unwirksam gedacht werden kann. Diese Unbedingtheit aber hat zur Folge, dass von einem menschlichen Hintergrundwissen, Begründen oder einem entdeckten ‚guten Sinn' dieser Widerfahrnisse nicht die Rede sein kann – und das würde wiederum für Hi 38 sprechen, die kosmologische Auskunft aus dem Wettersturm, die ihren Unbedingtheitscharakter zu verstehen gibt. Doch trotzdem und gleichzeitig gilt, dass eine Kommunikation zwischen den Erfahrungen und ihrer Einstufung stattfindet, also *kontinuierlich* gegenüber den guten und schlechten Ereignissen diese in gewisser Weise präsent hält und bearbeitet. Das lässt sich verständlich machen, wenn man versucht, diese *Unterbrechungen* im gleichen Zeichensystem zu halten wie die alltägliche Kommunikation. Lukas Ohly hat im Kontext der eschatologischen Kapitel (Tod und Auferstehung) seiner Christologie einen solchen Weg versucht: Weil den primären (kreativen) Wahrnehmungen ganz prinzipiell immer auch das „Gefühl der Unbestimmtheit" eignet und dieses auch auf seine Weise in Zeichen (zumal in Gesten und nonverbalen Zeichen) kommuniziert wird, muss nur die *reale* Wirksamkeit gerade auch in diesem Feld akzeptiert werden, um den Stellenwert im *Kontinuum* der (religiösen) Zeichenwelten richtig einzustufen. So können auch „Ahnungen" als „öffentliche Repräsentationen" verstanden werden, so dass man sagen kann, dass alle Menschen diesseits und jenseits des Todes „dieselben Zeichen empfinden" und sich die „trinitarische Struktur Gottes" in den „Empfindungen weltlicher Zeichenprozesse" fortsetzt.[31] Es muss also nicht gegenüber einem destruktiven Einzelereignis irgendwie doch ein ‚Sinn' herausgepresst werden, sondern auszu-

[31] Vgl. OHLY, Christologie (wie Anm. 13), 167. 184 f., auch 188: „das Kontinuum der einen Realität".

gehen ist von der kommunikativen Lebendigkeit einer Prozess-Realität, zu der die Kreativität des Neuen, das Glück des Gedankens, die Chance und der Verlust im Zusammenhang von Zufall und Regelhaftigkeit, kurz: die (positiv oder negativ erscheinende) *Unterbrechung* gehört.[32] D.h. abstrakt gesagt: Was aufgrund von Negativität zur Verzweiflung führt, in der Regel aufgrund des Widerstandes gegen das Vorhandene (Hi 3, 11; 35, 9 ff.), bleibt im Kontinuum der Realität und könnte eigentlich in seinen schöpferischen Möglichkeiten aufgefasst werden. Die kosmologischen und anthropologischen Bedingungen durchdringen sich gegenseitig: „vielmehr greift er nach mir im Wettersturm und schlägt mir viele Wunden ohne Grund" (Hi 9, 17).

VI. „Verzweiflung ist eine Krankheit im Geist": Zuversicht des *Selbst*

Entscheidend ist nun, dass das humane *Selbst* von gleicher Struktur ist wie die kosmologischen, relationalen (semiotischen) Bedingungen von Wahrnehmung, Gegenständlichkeit und Relationalität als solcher; anders formuliert (mit Kants metaphysischen Grundfragen): „Nur ein Selbst kann sich als *Seele* fühlen, sich als Teil einer *Welt* begreifen oder sich einem *Gott* gegenüber sehen."[33]

Hi 3, 16.20–21a (Hiobs Klage)
Wie eine Fehlgeburt, die man verscharrt hat, hätte ich nie gelebt, wie Kinder, die das Licht nie gesehen haben. / Warum gibt Gott das Licht dem Mühseligen und das Leben den betrübten Herzen – die auf den Tod warten, und er kommt nicht.

---

[32] S.o. Essay 3.

[33] Gerhardt, Volker, Immanuel Kant. Vernunft und Leben, Stuttgart 2002, 187.

Diese – verzweifelte – Relation in sich und zu sich selbst ist möglich, ausgehend vom Verhältnis zwischen Leib und Seele, weil Seele oder Person oder Selbst so strukturiert sind, dass sich eine gelingende und eine misslingende Verhältnisbildung verständlich und ableitbar machen lassen: „Das Selbst ist ein Verhältnis, das sich zu sich selbst verhält, oder das an dem Verhältnisse, dass das Verhältnis sich zu sich verhält. [... es] muss entweder sich selbst gesetzt haben, oder durch ein Andres gesetzt sein.“[34]

Mit Hilfe dieser berühmten Definition lässt sich für Hiob ablesen, wie das verzweifelte Selbst in einen größeren Zusammenhang zu integrieren ist:

(1) Hiob ist sich seiner Verzweiflung nicht wirklich bewusst, wird ihr aber letztlich nicht entgehen können: Hi 27, 1–6; vgl. v. 6: „An meiner Gerechtigkeit halte ich fest und lasse sie nicht; mein Gewissen beißt mich nicht wegen eines meiner Tage.“
(2) Hiob will zu sich selbst in seiner Relationsbestimmtheit ‚verzweifelt-nein-sagen‘, ein Anderer werden als er ist: Hi 30, 16–19; vgl. v. 19: „Man hat mich in den Dreck geworfen, dass ich gleich bin dem Staub und der Asche.“
(3) Hiob spürt die Wirkung in der Differenz zum Anderen und will deshalb zu sich selbst ‚verzweifelt-ja-sagen‘: Hi 3, 25: „Denn was ich gefürchtet habe, ist über mich gekommen, und wovor mir graute, hat mich getroffen.“

Dass es diese Grundformen gibt, setzt einmal Leidenschaft voraus, die Leidenschaft des Interesses an sich selbst, zum anderen beweist es geradezu, dass für das Selbst-Verhältnis

[34] Kierkegaard, Søren, Die Krankheit zum Tode, Ges. Werke, 24. Abtlg., hg. v. Emanuel Hirsch, Düsseldorf: Diederichs 1957, 8 f. – Vgl. Deuser, Religionsphilosophie (wie Anm. 1), § 18.1; und zur genaueren Analyse, Ders.: Grundsätzliches zur Interpretation der Krankheit zum Tode, in: KSYB 1996, 117–128.

die Relation zu dem entscheidend ist, was das Verhältnis *gesetzt* hat. Denn das Gesetztsein macht plausibel, warum es nicht nur ein verzweifelt-ja-sagen (zu einem Vorgegebenen), sondern auch ein verzweifelt-nein-sagen gibt (was sinnlos wäre, hätte das Selbst sich selbst gesetzt). Das Buch Hiob eröffnet also eine komplexe Kommunikation über Gott. Mit Gott und gegen Gott, aber beides steht im Zusammenhang, so wie das Selbst bestehen bleibt, auch in der gescheiterten Relationsausbalancierung, die mit Leidenschaft fehlgreifen kann (das Selbst als geistiges Verhältnis), der aber das Gelingen immer vor Augen steht. Kierkegaard spricht dann vom *Glauben*, „dass das Selbst, in dem es es selbst ist und es selbst sein will, durchsichtig [...] gründet in Gott"/sich gründet „durchsichtig in der Macht, welche es gesetzt hat."[35] Damit ist nicht die Einbeziehung beliebiger (religiöser/weltanschaulicher) ‚Deutungen' beabsichtigt, sondern in existentiellem Ernst die erfahrene Realität zum Ausdruck gebracht. Zu ihr gehört das Leiden an der Welt und die kontrafaktische Erwartung der radikalen Veränderung, wie sie Hiob zuteil wird. Kierkegaard nennt die Verlusterfahrung eine *Prüfung* und den Wiedergewinn nach der verzweifelten Situation die *Wiederholung*, beides so dialektisch wie Hiobs Widerspruchserfahrung im Gottesverhältnis: „in Richtung auf die Freiheit", die der protestierende Hiob nicht aufgibt und die sich gerade als sein Unrecht gegenüber Gott manifestiert: „Wie tut ein Gewitter doch so gut!" Die existentielle Prüfung kann durch keine wissenschaftliche Theoriebildung ersetzt werden, der Gott aus dem Wettersturm(1) aber zeigt keine „kosmischen Beziehungen", aus denen sich die existentielle Situation befreien müsste, wie Kierkegaard es zeitbedingt verstehen muss, sondern die gesamte Schöpfung(2) ist der Raum des befreiten Selbstverhältnisses, das sich „durch-

[35] Kierkegaard, Krankheit (wie Anm. 34), 81. 10.

sichtig gründet in Gott" und so alles gewinnt: „Ich warte auf ein Gewitter"![36] So gesehen ist es durchaus konsequent, dass das Selbst eines Menschen in dieser spannungsvollen Struktur und schwer erreichbaren Kommunikation über die Übel der Welt gerade in kosmologischen Dimensionen – von der Gründung der Erde bis zum Platzregen, „Blitz und Donner" (Hi 38, 4. 25) – das Geheimnis seiner Existenz erkennen kann und so das Hiob-Buch „unbeschreiblichen Trost" enthält.[37] Die „Macht, welche es gesetzt hat" ist für das Selbst so verfügbar (in der Naturgeschichte) wie unverfügbar (im Anspruch und in der Forderung der Lebensführung).[38] Aber es hat eine Sprache gefunden, die im Kontinuum der Lebenserfahrung die destruktiven wie kreativen Unterbrechungen auszuhalten und nach ihren Möglichkeiten zu gestalten versteht.[39] Die Verzweiflungsformen, wie Kierkegaard sie in der *Krankheit zum Tode* aufweist, sind zwar eine „Krankheit im Geist", d.h. im Selbst des Menschen, als solche aber auch ver-

[36] Vgl. im Zusammenhang Kierkegaard, Krankheit (wie Anm. 34), 77–83. – Zum Doppelbegriff bzw. zur zweifachen Funktion in der Präsentation der *Schöpfung* s.o. Essay 1.

[37] Kierkegaard, Krankheit (wie Anm. 34), 82. – Leiden also hat einen von der Schöpfung vorgesehenen Ort, seine Raumzeit, entzieht sich aber gleichwohl als „*Mysterium*" einer „letzten Erklärung" (vgl. Witte, Hiobs viele Gesichter [s.o. Anm. 3], 78).

[38] Zum Begriff der *Unverfügbarkeit* (s.o. Anm. 13) vgl. Deuser, in: Wörterbuch der Würde, hg. v. Rolf Gröschner/Antje Kapust/Oliver W. Lembcke, München (UTB) 2013, 202 f.; und die lebensweltliche Anwendung und Fundierung bei Rosa, Hartmut, Unverfügbarkeit, Wien: Residenz 2018.

[39] Noch einmal anders gesagt: „Die Frage, warum die innerweltliche Ordnung unterbrochen ist, lässt sich nicht mehr im Rekurs auf das Gewordene beantworten. Gottes Antwort setzt vielmehr schöpferisches Werden gegen Hiobs Zweifel, indem er nicht einfach auf Gewordenes verweist, sondern auf das Werden des Gewordenen." Vgl. Ohly, Lukas, Schöpfungstheologie und Schöpfungsethik im biotechnologischen Zeitalter, Berlin/Boston: DeGruyter 2015, 292.

wurzelt in den gesellschaftlichen und naturgeschichtlichen Bedingungen. So wie Kierkegaard für die geschichtliche und quantitative Verbreitung der (subjektiven) Angst von einer „objektiven Angst“[40] gesprochen hat, so ließe sich unter kosmologischem Horizont für Hiobs Stellung auch von einer *Objektivität der Verzweiflung*[41] sprechen – aber immer nur so, dass zugleich die Weite der Schöpfung ihre Tröstung, Erwartung und Zuversicht gibt.

---

[40] Vgl. Der Begriff Angst (1844), Zweites Kap. § 1.

[41] Adorno, Theodor W., hat im kulturkritischen Kontext seiner Philosophie diesen Begriff geprägt: „Die Stellung des Gedankens zum Glück wäre die Negation eines jeglichen falschen. Sie postuliert, schroff wider die allherrschende Anschauung, die Idee von Objektivität des Glücks, wie sie negativ konzipiert war in Kierkegaards Lehre von der objektiven Verzweiflung“, vgl. Ders., Negative Dialektik, Frankfurt am Main: Suhrkamp 1966, 345.

Nachweise

Cartoon im Vorwort
Hauck & Bauer: Leben nach dem Tod, in: F.A.S. Nr. 17 (3. April 2023), S. 9, von Dominik Bauer und Elias Hauck.

Essay 1
Rationalität und Leidenschaft, in: G. Schreiber (Hg.), Interesse am Anderen. Interdisziplinäre Beiträge zum Verhältnis von Religion und Rationalität. FS für Heiko Schulz zum 60. Geburtstag, Berlin/Boston 2019, 463–477.

Essay 2
Die Ambivalenz des Magischen in Hans Joas' Interpretation des Heiligen, in: M. Schlette, B. Hollstein u.a. (Hg.), Idealbildung, Sakralisierung, Religion. Beiträge zu Hans Joas' *Die Macht des Heiligen*, Frankfurt/New York 2022, 351–364.

Essay 3
Säkularisierung und Sakrament, in: ThLZ 146 (2021), H. 10, 885–898.

Essay 4
Gibt es ein Gottesargument?, in: A. Munzinger/B. Harbeck-Pingel (Hg.), Christentum im Werden. Theologische Theoriebildungen. FS für Konrad Stock zum 80. Geburtstag, Leipzig: EVA 2021, 137–143.

Essay 5
Gleichzeitigkeit als Realpräsenz, in: ZThK 118 (2021), H. 4, 454–470.

Essay 6
Kosmologische Argumente gegen die Verzweiflung (Hi 38–41), in: St. Alkier (Hg.), Zuversichtsargumente. Biblische Perspektiven in Krisen und Ängsten unserer Zeit, Bd. 1, Paderborn: Brill Schöningh 2022, 36–55.

Personenregister